別傻了 這才是 仙台

烤牛舌・杜之都・食材王國……49個不為人知的潛規則

●都會生活研究專案——著
●許郁文——譯

SENDAI
仙台ルール

序言

「街道與自然共存」

仙台到底有何魅力？面對這個問題，以《JOJO冒險野郎》漫畫聞名的仙台市漫畫家荒木飛呂彥如此回答（摘自「我的廣瀨川訪問VOL 18」。廣瀨川官方網站．仙台市建設局百年之杜推進部河川課廣瀨川創生室），同時指出這種類型的都市其實非常罕見。

仙台既是東北之首，又肩負玄關之責。車站前大樓林立的景象，讓人誤以為只是東北地區的核心都市……事實並非如此！故意讓人掉以輕心的外表下，其實藏著獨特的表情。

能讓人遠離都市塵囂的青葉通和定禪寺通的櫸木林道，以及潺潺流水的廣瀨川，都與「東北＝雪國」這種印象中的嚴峻自然環境、苦行僧般的生活搭不上邊。雖是東北，卻非刻板印象裡的東北。仙台個氣候風和日麗，展現著不可思議的協調感與安定感的都市。

最能象徵此地風土民情的，就是大家那我行我素的步調。居民們擁有東北第一都市的自豪，所以生活得非常從容。這個由分店經濟支撐的都市，擁有來自全國的企業、人們與物資，吸納了五花八門的事物，所以不需要多餘的固執與侷限。仙台的居民看似「沒有特色」、對事情也沒有過多的堅持，所以也就沒有強烈的排他性。就連外地人也會不知不覺地坐在廣瀨川河畔吃著芋煮吧……？

然而，豐富的大自然除了是上天的恩賜，同時也伴隨著災害。一六〇一年伊達政宗於仙台開府之後，才經過十年這裡就發生慶長三陸海嘯的天災，追溯到更久以前，平安時代也曾發生過貞觀地震，彌生時代也同樣發生過大地震，甚至引起了海嘯，留下相關的地質記錄。

二〇一一年又發生了東日本大地震。仙台市內的沿岸地區一帶，如今仍留有「時間停止轉動」的受災陰影。但是，一如過去所經歷的無數天災人禍，災後仍能一再地復甦至百萬人口，可見這片土地的潛力十足。雖然不那麼招搖，但那份自由而柔軟的仙台愛就是全部……即便市內各區的溫差劇烈；即便記憶隨風消逝；即便於新舊事物之間搖擺，這塊土地仍繼續邁向下一個嶄新的舞台。本書將以現在進行式的口吻，一如往常地一一介紹仙台的「潛規則」。本團隊由衷地希望本書能讓非仙台人明白仙台不只有「牛舌」、「萩之月」、「竹葉魚板」這些觀光性質的代表，進而了解仙台（人）的魅力，同時幫助當地人重新認識到心中的那份故鄉愛……

都會生活研究專案代表　大澤玲子

Sendai Rules

購物篇

Sendai Rules

食物篇

Sendai Rules

街道篇

Sendai Rules

詞彙・人際關係篇

生活百匯篇

適宜居住的「杜之都」
仙台MAP
泉地區
VEGALTA 仙台 GO！
在仙台青葉祭欣賞！
雀舞
BURN！
日本製紙 Kleenex 宮城球場（K-STA）
宮城縣
氣仙沼市
大崎市
鳴子溫泉
松島五大堂 日本三景之一
石之森萬畫館
石巻市
仙台站
仙台市
松島町
金華山
連續參拜3年，就不會為錢所困！
作並溫泉
海蛸
秋保溫泉
仙台空港
東北第一座 LCC 機場！
白石市
白石城

八幡宮
冷死了⋯
裸參拜
大崎八幡宮
松焚祭
定禪寺街頭爵士音樂節
整個城市都是舞台！
定禪寺通
欅木林道
萬客雲集！
歡迎光臨唷～
NIKKA
三国分町
國分町
光之盛會
仙台四郎
廣瀨通
炸葫蘆魚板
（阿部蒲鉾店本店）
拱頂商店街
走在裡面，
雨天也不怕淋濕！
廣瀨川
欅木林道
七夕祭典
青葉通
芋煮會
仙台城跡
（青葉城跡）
八木山 BenyLand
伊達政宗騎馬像
長町地區
Xebio Arena 仙台
仙台 89 人隊主場

Sendai Rules

交通篇

購物篇

食物篇

街道篇

詞彙．人際關係篇

生活百匯篇

潛規則1

即便電車因為強風與落葉停駛也不驚慌

在太平洋沿岸都市中，仙台市一馬當先！

不過，這並不是什麼值得高興的第一名……因為比的是一年中風速十公尺以上的強風天數。仙台的全年強風天數居然高達七十天！計算下來，仙台人大概每五天就會遇上一天被強風吹得東倒西歪的日子。明明仙台在東北這一帶，是以氣候怡人、適宜居住為賣點，事實上卻是「日本首屈一指的風城」，就連晨間情報節目《Watch-in！宮城》的人氣氣象主播齋藤先生（請參閱潛規則47），也在自己的部落格指謫這點。

論理由，無非是仙台特有的地形所導致。強風從奧羽山脈、栗駒山、船形連峰、藏王連峰這些山脈下吹至仙台平原，形成宛若六甲落山風的「泉落山風」（泉區周邊）以及「藏王落山風」（藏王連峰周邊）這些特有的「當地落山風」。即便沒下雪，這裡的路面也會因為強風而凍結，近來更發生了嚴重的意外——二〇一三年四月仙台站東口的購物中心「BiVi」，廣告招牌竟因為強風而掉落，在地面斷成兩半！這讓習以為常的仙台人也嚇出一身冷汗，不過電車因為強風停開或誤點的情況在這裡倒是不稀奇。在東京，光是電車停駛就能引起大騷動，但在仙台，若無其事地抱怨：「啊，又是強風害的？」才是正常的反應。

首先，請務必留意，在不同的路線與區域裡，電車對強風的承受力也有所不同，其中最不耐強風吹襲的是東北本線的市外區域，而一同行駛的常磐線以及於仙台站銜接的仙山線也深受強風影響，偶爾會發生這三強一起癱瘓的慘事。反之，較能抵抗強風的是東北新幹線、仙台空港交通線、仙石線，因此，視天候決定搭乘的路線才是賢明之舉！

說到仙山線，偶爾會曝露出「天然」的一面，例如明明沒下雪，卻因積在軌道上的落葉而導致車輪空轉。想在楓紅滿天的秋季裡，悠哉地坐在車內享受窗外風景，就很可能掉入陷阱!?另外，電車行經山區時撞到動物也是時有所聞的意外。

儘管仙台的都會化程度在東北是首屈一指的，但是，只要稍微離開市中心，就可能發生上述這種鄉野才看得到的意外，而這就是仙台的交通現況（導致被強風耽誤而遲到的人會被貼上鄉下人的標籤……）。

為了不因天候而遲到，初來仙台的人們可絕對要多留意「正弟」的天氣預報唷！（請參閱潛規則47）。

我叫青葉花子
來自東京
老公是仙台人
我們現在住在仙台
事情發生在第一次拜訪
丈夫老家時
哇啊～
天橋廣場好漂亮、
好寬闊啊～
旁邊也有好多棟大樓～
好有都會感啊～
定禪寺通
感覺很像是青山通呢～
嗯！應該很適合居住吧！
跟東京沒兩樣吧？
我家雖然在仙台市內
但從仙台站，車程要35～45分鐘
是喔～
大概是東京到吉祥寺的距離
緊急快報！
稍早，電車行經葛岡站附近
與動物發生碰撞、
緊急煞車，
造成時刻表混亂……
咦？動物？
你的老家是在仙台市內吧？
嗯，這在仙台市（雖然是作並）常有啦～
有時候電車也會因為落葉而停駛……（心虛）
※車站內

潛規則2

身手矯健地按下電車的開關門按鈕

Sendai Rules

既然提到仙台的交通，就要介紹另一個常讓來自關東以西的外地人落入的陷阱——電車的開關門按鈕。「咦？那是什麼？」先來回答一下這個最基本的問題，按鈕指的是視乘客需求開關電車車門的按鈕，具有在冬季防止寒風吹入車廂以及在夏季提昇冷氣效率的功效。其他地方的電車，如關東的八高線與關西的寶塚線等也採用了相同的機制，但在仙台，除了地下鐵，這在其他路線的電車都已是基本配備（反之，仙台人若在其他地方搭乘電車時，也會習慣性地尋找這顆按鈕……）。

總之，乘車重點就是①別呆呆地站在「不會開的門前」，這還滿天兵的。②下車時，不管在車門前用多強的念力開門（？），只要不按下按鈕，門就一定不會開。在熟練之前，不如先乖乖地尾隨當地人下車，別急著搶第一！不過一到冬季，③最後進入車廂的人，要記得按下關門鈕，關上車門。否則一旦冷風吹入車廂，就連平常悠哉和氣的仙台人，也會用冰冷的視線瞪人！④搭乘時，也千萬別擋在開關鈕前面，採取防守姿態，否則可是會被仙台人舉黃牌警告的喔！

雖然很囉嗦，但⑤也很重要，就是在冬季時，不能輕忽來自座位下方的暖氣攻擊。要是像女高中生般露著美腿靠在暖氣附近，一不小心可是會發生低溫燙傷的意外。

這塊土地乍看溫和，實際上卻有許多不可輕視之處，正如仙台的電車現況。

潛規則3

手扶梯是「東京式」與「大阪式」的綜合體

Sendai Rules

「手扶梯該如何搭乘?‧全國首次!仙台市制定相關條例」

二〇一三年四月一日，某家全國性報紙的「宮城」版躍現了如此斗大的標題。報導關於「搭乘手扶梯時，到底該站在右邊還是左邊?‧」的問題，由於仙台沒有明確的規則，導致許多人無所適從，所以仙台決定採用國內佔多數的「左側規則」(靠左站)。不過呢，這其實是一篇愚人節的整人報導!(新聞最後署名「本間KANA、有江奈衣」[1]……)有些人覺得很有趣，大喊「被耍了」‧;但也有不少人覺得「既然是假報導，一開頭就該寫明白」，飽受批評聲浪，最後演變成報社不得不刊載道歉啟事。不過似乎也有活在自己世界的仙台人，根本沒讀到最後，還真的信以為真的例子……

姑且不論是否該在手扶梯上面行走這回事，這樣的內容之所以能成為一篇報導，最主要是因為仙台被譽為東北的「首都」，是座全國各企業分公司聚集的「分店經濟都市」。由於來自外地的移居者很多，所以才會不定時出現「靠左站?‧還是靠右站?‧」這類爭論。

眾所皆知，日本的手扶梯搭乘規則分成兩大類，①是大阪式的靠右站立(空出左側，留給步行者使用)，②是東京式的靠左站立(右側留空)。之所以會有如此分別，最有力的說法是大阪當年舉辦萬國博覽會之際，為了順應國際標準，採取了靠右站立的規則，而東京則比大阪來得慢一些，直到一九九〇年代才確立靠左站立的規則。

但別以為仙台在地理、心理上都較接近東京，就該採用東京規則，那可就大錯特錯了。

仙台的手扶梯規則第一條是「地下鐵靠右站（左側留空）」。決定這項規則的人雖已不可考，但似乎是在地下鐵南北線開通的時候，有人倡議沿用國際規則的靠右站立，所以才採用了這項規則，但是搭乘JR（尤其是新幹線）的時候，則是靠左站的人佔多數。當然，也有人在搭乘地下鐵的時候選擇靠左站，搭乘JR的時候選擇靠右站，可見大家的習慣都不相同。

這時候，採取第二條「跟前面的人站同邊」就沒問題了。如此依情況應變、重視協調的做法，正是大度豁達的仙台風格!?假使不小心站在前頭（又很在意的話），不妨轉頭看看身後的人是否跟你站在同一邊，如果是，那就諸事大吉了。

然而藤崎等百貨公司的手扶梯，通常會出現鋸齒狀的隊伍，要是讓性急的大阪人或自以為「東京標準＝全國通用」的東京人看到這種情況，他們可是會受不了的。哎呀，仙台不過是個小而美的都市，這麼急是要趕著去哪裡嘛……

因此，仙台的手扶梯規則第三條就是「就算看到前面的人排得左歪右扭，也要習以為常！」。仙台本來就是東北各縣居民匯聚之地，許多人其實沒什麼在車站搭乘手扶梯的經驗。儘管仙台是都市，卻仍是一處青葉繁茂、自然豐富的土地，所以從搭乘手扶梯的方式中，也能感受到這種都市＋鄉村的混搭風，而也所謂的仙台「特色」。

我剛搬來這裡的時候…
地下鐵
排排站
喔！
這裡是靠右站耶跟關西一樣嗎？
JR
排排站
!!
怎麼會是靠左站！好丟臉啊～
藤崎
左右亂站～
等、等一下！
有左有右到底該站哪邊啦～！
只要跟前面的人站同邊就好啦！
簡簡單單
是這樣喔？
難道這就是仙台規則？

潛規則4

每逢周末，市中心就塞滿外縣市車牌的車！

Sendai Rules

時值早晨，仙台站西口總會看到上班、上學的人們小跑步的模樣。是的，這裡就是東北第一都市的玄關。正因為辦公大樓、政府機關、鬧區全集中在一起，導致市中心的交通非常混亂，選擇電車以外的交通方式時，務必多留意幾分。

首先要介紹的是，十分方便、供市民代步的公車。主要搭乘處在西口的公車總站（在仙台稱為「BUS-POOL」），早上是學生搭車的高峰。若是學生，不妨好好利用學生眾多的「學都」特別優惠——「學都仙台 市營公車Free Pass」這種划算的定期月票。早上通學時間，雖是欣賞女高中生制服的絕佳機會，卻絕對禁止痴漢般地盯著看喔！

此外，開自家車上路也需要注意。仙台的計程車輛數對人口比例曾被譽為全日本第一，除了聚集在仙台站周邊的計程車，廣瀨通也排滿了開往東北各縣與東京的高速巴士，再加上地下鐵東西線施工的關係，使得早晚一定交通大亂。在外跑業務時，建議善用自行車。

到了周末又如何呢？到處擠滿從東北各縣開來購物或遊玩，掛著外縣市車牌的汽車！成為停車場難民的風險極高。從市外到仙台（也說成「上街」）時，可以用點小技巧，將車子停在郊區的購物中心，再搭地下鐵進市中心。再者，仙台的活動大多都會施行交通管制，此時平常悠哉度日的仙台人，只要一握住方向盤，就會性格豹變……的樣子。不打方向燈就換車道可說是家常便飯（這裡以前有很多飆車族）!?可別因為仙台人素來溫和就大意啊！

潛規則5

東西線的收支是否能平衡，有點令人擔心

Sendai Rules

「票價不是日本第一高的嗎？」常被如此揶揄的正是仙台地下鐵的南北線。這條路線是東北唯一的地下鐵[2]，讓南來北往的移動變得方便不少，但是，從最南的富澤站到最北的泉中央站，單程票價要價三六〇日圓，確實算是高價位。而且當地居民都很擔憂「未來該不會再漲價吧？」……這樣的擔心，來自於二〇一五年開通的地下鐵東西線。

地下鐵東西線的西端為八木山動物公園站，東端為荒井站，採用的是鋼輪鋼軌式線性馬達車輛，車頭的設計還參考了伊達政宗頭盔的上弦月裝飾，一切都是為了突顯仙台特色。雖然一度因東日本大地震而暫停施工，落入前景茫茫的困境，之後與東部地區的防災集團移轉促進事業及復興公營住宅的建設一同施工，被視為震災復興的指標。

因為東西線的影響，近幾年附近一帶（荒井站、六丁之目站設立在震災當時成為防波堤的仙台東部道路內陸位置）的大樓價格與地價也跟著水漲船高。西側的國際中心站也強化了會議功能，終點站附近的八木山地區則預計開發新的住宅區。儘管震災造成的損害與地盤的強度都左右著對地下鐵的需求趨勢，但是地下鐵也創造出一定程度的經濟效應。

另一方面，也有意見認為：「光是南北線的營運都有困難了，東西線真能收支平衡嗎？」這也是許多人擔心車資上漲的原因之一，只不過，地下鐵東西線對於冬季路面容易結冰的八木山地區的居民，以及前往東北大學川內校區的學生而言，真的很方便就是了……（對於仙台市民遊樂場所「八木山BenyLand」以及八木山動物公園的忠實顧客來說，也很便利？）

此外，隨著東西線的工程進行，有許多人也擔心充滿回憶的風景會因此消失。比方說，仙台人心目中熟悉的賞櫻聖地「西公園」的部分櫻花、仙台市天文台（由地球物理學家加藤愛雄發起，靠著「讓孩子們有機會進行真正的天體觀測」的十元活動興建）、西公園（市民）游泳池、棒球場都會消失（天文台遷址至錦丘）。不會有所改變的是許多人來此進行七五三參拜的櫻岡大神宮以及常有藝人光顧、星光熠熠的源吾茶屋。

仙台是由伊達政宗一手打造，大膽又快速地開發出來的城市。從當時開始，除了來自米澤的家臣之外，還吸引了許多關西地區的木工、泥水師傅與商人們，進行仙台城的修建、城下町的建設以及新田的開發。等到進入日本高度經濟成長時代之後，也持續吸納當地與來自縣外的人材及資源，藉此不斷地進化。

但在進步之餘，該如何保護這份思古之情以及仙台人最重視的街景，又該如何拿捏自然與街道之間的平衡呢？這些課題與震災復興的問題也息息相關，不斷在新舊之間搖擺——而這也是仙台目前最真實的相貌吧！

Sendai Rules

交通篇

購物篇

食物篇

街道篇

詞彙．人際關係篇

生活百匯篇

潛規則6

站前VS拱頂商店街

仙台的拱頂商店街又稱「黃金的T字」，取自從上空俯看呈現的形狀，同時也是堪稱東北第一熱鬧的商店街。拱頂商店街由六條商店街組成，其中最具代表性的是隨著伊達家從米澤岩出山移至此地，長久以來受到重視的御譜代町之一——大町（「Marble Road OHMACHI」）；以及在藩政時代為侍町的「一番町四丁目」，可說是有著淵遠的歷史支持著的鬧區。

不過，這條商店街也隨著時代而變遷。中央通的「CLIS Road」（CLIS是由Creative Life In Shopping的英文字首所組成）雖有傳統老店，但是藥妝店等全國性連鎖店的勢力也日漸壯大！「SunMall一番町」原本是東北大學片平校區的學生街，直到片平校區大部分的教育機能移轉至川內校區之後，電影院也跟著撤出。「源氏」等受到出差人士歡迎的酒館林立的「文化横丁」、「壹貳參横丁」則因地下鐵東西線青葉通一番町站的設站而有機會復活。

而與拱頂商店街對抗的競爭對手正是站前商圈。站前這一帶擁有西口的S-PAL仙台與仙台PARCO等百貨公司，吸引了年輕族群，除此之外，被譽為後站的東口也有許多旅館、餐廳或購物設施正在興建。過去車站北側（俗稱．X橋附近）到處都是散發著詭異氣氛的店家，這番情景如今也早已不復見。仙台車站的再次開發，是否會像札幌與名古屋一樣，發生鬧區人潮流向改變的情況，而進行勢力輪替？還是說在震災之後，隨著「都心回歸」的趨勢找回過往活力的商店街，能再次展現仙台商人的潛力？就讓我們繼續看下去吧！

潛規則7

泉中央・ASUTO長町是購物中心激戰區！

Sendai Rules

除了「站前VS拱頂商店街」之外，仙台還有另一股購物新勢力崛起，那就是郊區的大型購物中心。儘管市中心的小而美讓人可以邊走邊逛，但說到底仙台還是習慣以車代步。與大型停車場、電玩中心與美食廣場複合經營的大型店鋪適合休閒娛樂前往，周末的主要客群為年輕家庭族群，平日傍晚則受到主婦團體以及當地高中生的歡迎，成為他們的聚會場所。

備受注目的區域之一就是市內北部。作為「讓人想居住的地方」而受歡迎的泉區，除了有二〇一三年四月底在泉中央站前開幕的「ARIO仙台泉」之外，TSUTAYA店鋪規模日本第一的蔦屋書店以及全世界面積最大的UNIQLO也都位於此地。

仙台市南部除了長町南既有的「The Mall仙台長町」與「LaLa Garden長町」，IKEA首次於東北設立大型店面的「ASUTO長町」也蔚為話題。作為當地職業籃球隊・仙台89人主場的「Xebio Arena仙台」，與泉中央的「Yurtec Stadium仙台」(通稱Yur-STA)同屬體育賽事基地，估計會吸引更多人潮。

除此之外，於二〇一二年開幕&重新裝潢的兩家大型Outlet也加入了戰局，簡直是戰國群雄爭霸戰！「喜歡購物」的縣民性(宮城縣消費支出佔可支配收入的比重為日本全國第四名。資料來源：二〇〇八年總務省統計局)再加上來自東北各縣的消費族群，使這裡形成一大消費商圈。群雄割據戰火想必將繼續延燒下去吧！

潛規則8

藤崎VS仙台三越

Sendai Rules

擁有過去美好風華、為昭和時代象徵的ENDOCHAIN仙台站前店，如今已成為EBeanS商業大樓；丸光（過去以撥放〈荒城之月〉與〈這條道路〉的大型音樂報時廣播聞名）成為櫻野百貨；ams西武仙台店成為仙台LOFT……足見仙台的店家更迭之快。

其中有兩大百貨公司是商店街的重要支柱，也得到眾多在地人的支持。其中一間是在地百貨，以〈好喜歡啊，這條街……〉這首形象歌曲而聞名的藤崎。一八一九年於城下町的大町一丁目從事太物（木棉織物）商起家，營業額於二〇一一年衝上東北百貨公司的第一名！二〇〇七年LV鄰接著本館開設獨立店面，讓這一帶逐步演進成所謂的名牌大街。

對其展開猛攻攻勢的，是於一九三三年開幕的三越仙台店。二〇〇八年於141大樓設立三越定禪寺通館之後，二〇一〇年便以「仙台三越」的名號開始獨立經營。三越致力於經營仙台與東北的名流客群（不少人目睹過前樂天職棒教練野村克也現身於此），二〇一一年度營業額雖屈居藤崎之後，卻是東北唯一業績成長二位數的百貨公司。二〇一二年也因高單價商品的暢銷，使營業額大幅成長。

相對於上述兩大百貨公司，擁有伊達式的時尚講究或是已從PARCO與S-PAL畢業的消費族群，則會選擇CLIS Road後段的中央二丁目附近，即本町一帶的獨立店面與精品選物店。這裡位於拱頂商店街商圈之外，以流行時尚作為區域定位，吸引了不少人潮，成為商店街與百貨公司的新對手。百貨公司為了避免年輕族群繼續流失，原本互為敵人的藤崎與仙台三越居然在夏季商戰之中聯手！彷彿回到了伊達政宗極力求生存的那個戰國亂世，這場攻防戰，恐怕仍得繼續打下去……一如「番BURA」這個仿效了「銀BURA」（意指在「銀」座漫步閒逛）的用詞曾流行一時，仙台的一番町附近也曾被視為流行的第一線。兩大百貨公司身為當地地標，在歷經震災之後也持續奮鬥著。隨著站前商圈&精品選物店的勢力逐漸抬頭，這場在小巧都市中持續發酵的商場之戰，後續實在值得關注。

※也有因為過得太忘我而蹺課的例子……!?

潛規則9

傳說中的站前超市——ENDOCHAIN！

Sendai Rules

接著要介紹在潛規則8中曾提過的「ENDOCHAIN仙台站前店」。若要講述一九八〇年代的文化&流行，就不得不提到這間傳說中的超市。尤其在四十幾歲的仙台人心中，這裡能喚起特殊的鄉愁——這可不誇張，因為在他們的孩提時代，這裡可是最讓他們興奮的地方。

ENDOCHAIN公司，是間過去遍布宮城縣內各處的連鎖超市。仙台站前店的頂樓設有遊樂園，活動廣場也曾舉辦與「彩虹村　森林的夥伴們」合作的猜拳大賽、卡通人物表演秀，甚至剛出道的松田聖子和SMAP也曾在此辦過演唱會。一樓的衛星廣播（Satellite Studio，通稱Sate-STA）播放的是FM直播節目，曾邀請許多知名來賓參與。此外，星期天早上仙台人必看的電視節目《DOCHIRACHIN》，也是該公司製作的。不少人都曾到Q六老師的工作教室參觀。

歷經經營不善以及重重波折之後，這棟大樓於一九九七年重新裝潢為「EBeanS」，成為引領辣妹時尚的聖地。後來招牌上再度出現「ENDOCHAIN」的文字，「杜之Sate-STA廣場」、「杜之Garden Terrace」這些讓人聯想到過往ENDOCHAIN的廣場也接連復活，甚至重新開始舉辦FM廣播節目的現場公開直播及相關活動。

該店周邊有棟仙台早市鮮魚鋪進駐的大樓，上層開有動漫專賣店「安利美特」，為此地營造了不可思議的次文化氛圍。看著這一帶閃爍著燈光的大樓持續增加，讓人不禁在心中暗自期待，ENDOCHAIN能以黑馬之姿重新復活……！

潛規則10

為新年首賣瘋狂

Sendai Rules

有件事得先讓仙台初學者知道。若是受到在地人邀請：「一起去新年首賣吧！」，就得做好相當的心理準備。聽到「那五點在rus前（請參閱潛規則11）集合囉？」時，可別做出「咦？應該不是早上五點吧？」這種自以為幽默的反應啊！首先，必須先了解新年首賣的來由。仙台的新年首賣是從米澤時代，也就是伊達家來仙台之前就保有的商業文化。這種新年首賣，既是自尊心強的仙台商人一年一次展現「大方氣派」的機會，也是充滿新年氣氛的活動。這種附贈豪華贈品或特惠的銷售方式雖與日本的景品表示法[3]有所抵觸，不過只要在舊仙台藩領地之內（不包含縣外的部分地區）就可被視為特例，可見新年首賣這個讓仙台商人大顯身手的活動，是在公平交易委員會的默許（？）下進行的。

而與店家那「大方氣派」相呼應的，正是以喜愛消費（宮城縣的儲蓄率可是堂堂的日本全國第三十七名……二〇〇八年總務省統計局）為榮的仙台人。想要參加新年首賣，就得起個大早。不管是哪家店，大致都是在七、八點開門，也有人從前一天晚上就開始排隊。天還沒亮，市中心裡就會出現一堆在街上徘徊的人，散發出一股異樣的興奮。從山形或福島一帶驅車前來購物的人也不少，導致市中心的停車場從一早就逼近客滿。若是想為一月二日起跑的新年首賣備戰，從元旦開始就得進入戰鬥模式，非召開作戰會議不可。

假若想盡情享受仙台特有的初賣會氣氛，建議前往「茶之井田（Ochanoigeta）」。這裡可說是仙台新年首賣的代表，最吸引人的就是茶箱。不過，這茶箱可不簡單！前一百名消費超過五千日圓以上者，才能拿到茶箱（尺寸分成大中小三種），裡面還附有贈品。由於不怕溼氣，很適合用來保存衣物或乾貨，深受年長者的喜愛。此外，若能搶得頭香，還可以光榮地接受地方電視台的採訪。即便是不愛出門的人，在家裡無所事事地看著「茶之井田」的新年首賣新聞，也會感受到「啊，又是新的一年了呀！」，這就是仙台的「正統新年」氣氛。

除此之外，有些店還能買到增額二成禮券（能以一萬元買到價值一萬兩千元商品的禮券），或是拿到店家在門口分送的鏡餅與甜酒，街上充滿了新年節慶的氣氛。不過新年首賣的起始日幾經變化波折，傳統的新年首賣是從一月二日開始，但後來一下變成一月三日，一下又換回一月二日開始，也有店家會從元旦當天就開始。現在市中心大部分的店家都將新年首賣與開工日訂在同一天。有些郊區的大型店鋪雖從元旦就開始營業，但通常還是將新年首賣訂在一月二日。這也是因為新年首賣＝傳統活動的緣故，看來還是不許有人偷跑的吧!?

YODOBASHI Camera（會為了通宵排隊的人特別準備帳蓬或暖爐）和APPLE專賣店等等店家，也會舉辦讓仙台年輕男性願意大排長龍且「熱血沸騰」的在地活動。即使是初來仙台的人，也可以透過「仙台新年首賣・超擠[4]」這個網站，瀏覽從年底到年初舉辦的新年首賣資訊，不妨抱著要扛回茶箱（大）的氣勢，一同參戰吧！

我第一次參加仙台名產「新年首賣」的時候……
我在東京時，每年也都會排隊買福袋唷！
是喔，那這次要排排看井田的茶箱嗎？
咦？沒問題嗎？
別小看女人的能耐唷！
沒問題沒問題！
那把這個推車還有睡袋都帶去吧！
咦!?從前一天開始排？
而且……為什麼需要推車？
也太認真了吧…
當天
太棒了！總算搶到茶箱了！
好厲害的福袋啊……
所以才需要推車啊
咚！
茶箱是贈品唷！
咦？贈品的意思是……茶箱是免費的啊!?
買到囉～！
來，這是YODOBASHI的贈品
這才是買來的
咚！
什麼？贈品比買的東西還大件？這是怎麼一回事？
免費的贈品倒是讓我費了不少心力適應，我充分地感受到仙台商人的豪氣了…

潛規則11

見面約在

rus前／迪士尼店前／彩繪前

最後作為購物篇總結，希望大家先記住的資訊，就是在仙台該怎麼約見面地點。仙台的街景一路以來不斷改變，產生了劇烈的變化，所以見面地點以及稱呼該地的方式也隨著時代改變，甚至可看出各年齡層的差異。可別以為「有手機就一定沒問題」，至少得先搞懂最基本的關鍵字才不會見不到面。

首先介紹的基本篇是「Forus前」（簡稱rus前）。若換作是東京，大概等同於ALTA前、八公前這種初學者等級且適用於各年齡層的經典地點。要到附近的國分町喝一杯時，也常約在Forus前面。至於購物方面，現在的Forus對於年齡介於十至二十五歲的年輕人而言算是流行服飾大樓，但對於四十幾歲、歷經過DC品牌風潮[5]的人而言，這裡曾是流行的最前線。早期Forus的地下二樓曾是「Red Parrot」迪斯可舞廳（之後改名為「LA LEGION」），有些人對這裡還有高中偷偷去跳舞的回憶。

另一個約見面的經典地點就是與Forus分據在廣瀨通兩側的「迪士尼專賣店前」（簡稱迪士尼前or迪士尼店前）。過去這裡原本是水時鐘，所以對有一定歲數的人而言，說成「水時鐘前」他們會比較有概念。

若要在仙台站見面，則固定約在「彩繪玻璃前」（簡稱彩繪前）。而這裡以前立著伊達政宗的雕像，所以現在還是會有人把這裡說成「伊達前」或「政宗前」。

其實這個狀況不只限於約見面的地點的時候，許多人對仙台的街頭還是習慣使用「專屬於自己年代的稱呼」。例如把「櫻野百貨公司」叫成「VIVRE」，或是更早之前的「丸光」，現在有些老奶奶還是習慣稱為丸光；有些媽媽記不起來「EBeanS」這個名字，所以跟小孩形容的時候，就只能說「就是那個，以前是ENDOCHAIN的地方啊～」（請參閱潛規則9）；甚至有人會把以前路面電車行駛過的馬路稱為「電車通」……啊，這好像太扯了一點？

反觀年輕世代則固定以「簡稱」稱呼。例如將「Forus」說成「rus」、將「EBeanS」說成「Ebean」，也有人將前JUSCO利府店（現改為AEON）稱為「利府JUS」以及將前JUSCO富谷店稱為「富JUS」（這裡的JUS與潛規則29的「JERSEY」是不同的意思）。順帶一提，除了地點之外，有些年輕人也會把泡麵（Cup Ramen）說成「Cupra」……不過這也太過簡略了吧！

每個世代都有自己用字遣詞的習慣，正是仙台的潛規則。所以大家除了熟悉現在的地名或店名，還得把這些地方的來龍去脈摸清楚，才算是萬全之策。如此一來，不管與哪個年齡層的仙台人交談，應該都能溝通無礙了！

Sendai Rules

交通篇

購物篇

食物篇

街道篇

詞彙．人際關係篇

生活百匯篇

潛規則12

有朋友從其他縣市來，先帶到牛舌店再說

如果一聽到有人「來自仙台」，就脫口接著問「那你是不是常吃牛舌？」這種爛問題——可就不打自招，自曝仙台初學者的身分啦！隨著「利久」這類除了牛舌，其他菜色也一應俱全的店家出現，在地人吃牛舌的機會的確有所增加……但基本上那還是「帶外地來的客人去的店」，或者是「有上司從東京總公司來的時候才會帶去（＆讓上司請客）的店」。

牛舌店在外有如此高的知名度與人氣度，為什麼仙台人反而對這些店的反應會有這樣的落差？這跟與牛舌的身世以及仙台這片土地的風土民情有關。

牛舌誕生於一九四八年，發明者為「味太助」的第一代老闆佐野啟四郎。他注意到西餐常用的牛舌，歷經多次實驗與失敗，總算做出烤牛舌這道美食，是個廣為人知的故事。牛舌在一開始只被當下酒菜，受到二次世界大戰結束的時代背景影響，基於「想用份量十足的料理填飽肚子」的想法，牛舌才開始與對味的大麥飯、牛尾湯、醬菜＆南蠻味噌漬搭配，形成現在的定食形式。

但牛舌也不是就此和仙台名產劃上等號的。牛舌之所以成為仙台名產，契機之一是於一九七五年開幕的「喜助」。第一次把「仙台名產」寫上招牌的，是喜助於一九八〇年在仙台站前設立的第二號店。由於地利之便，牛舌的美味開始在許多來自外地的出差人士之間傳開。之後市府觀光課與商工會議所也乘著旅行風潮之勢，以「四季皆宜的名產」為號召開始推廣牛舌，於是有許多牛舌專賣店在泡沫經濟時期陸續誕生，牛舌也因此登上旅遊書與美食雜誌。當牛舌的美味在其他縣市得到好評後，才以逆向輸入的形式紅回仙台，牛舌文化也就此在仙台生根。

基於這番背景，在老一輩的人心中「牛舌是小時候沒有的新名產」。的確，就連現在到處都看得到招牌的利久也是一九九〇年才開幕，算是比較年輕的店家，而對住在東京的仙台人來說，這也不太算「懷念的家鄉味」。此外，以身為食材王國（請參閱潛規則17）為傲的仙台人，對使用進口肉這點有所存疑，猶豫著是否要將牛舌當成是「我們仙台的靈魂食物」。

不過，就算全國各地都看得到「鹽味牛舌at燒肉店」，牛舌定食肯定是仙台獨創的沒錯。正因為這塊土地擁有許多足以自豪的原創美食（請參閱潛規則16），所以每家店在牛舌的處理、切法、撒鹽的手法與熟成方式都各自有其獨到之處。

其實不管是「萩之月」還是「竹葉魚板」，這些仙台名產都是在經過精心設計的對外行銷與創意才誕生的。唯有在人材與物資進出口頻繁、民風如此開放的仙台，才能催生出這類「身懷絕技」的熱銷商品。

我叫青葉花子 來自東京，我當初剛移居仙台的時候……
人家想吃牛舌～
仙台名產！
咦～～
今天是星期六耶！會有不少畢業旅行的學生以及觀光客在排隊唷……
大排～長龍
如果很想去的話，是可以去啦…
仙台人不吃牛舌嗎？
嗯……
也不是說不吃啦，只是真的很偶爾才會去吃
像是大學朋友來的時候才會先帶去吃牛舌吧～
※兩個人是在東京的大學認識的
老實說，就是會有種「為什麼要為了牛舌店排隊？」的心情啊～
哼
我實在不太喜歡這種趕流行的事……
什麼!!?
拉麵二郎6開幕了！去排隊吧！
拉麵二郎
大排長龍
為什麼會有那麼多人在排拉麵二郎？
你也是個愛趕流行的傢伙嘛…

潛規則13

每個人都有自己支持的竹葉魚板製造商

Sendai Rules

年均支出金額一萬二五八二日圓（二〇一〇～二〇一二年兩人以上家庭年均「總務省家計調查」）。這是什麼數字？答案是仙台市的魚板支出金額。這個金額除了是遙遙領先的全國第一名，更高出全國平均的三六〇五日圓四倍之多。

締造如此輝煌記錄的最大功臣，就是鼎鼎大名的竹葉魚板。「仙台人到底有多愛竹葉魚板？」若這麼一問，其實還是因人而異，有人是「很喜歡，很常吃」；有人則是「從小吃到大，但不覺得是仙台名產」；還有人是「很少吃，只把魚板當成伴手禮」。竹葉魚板最早是從明治時代發跡，雛型是鮮魚零售商在漁獲豐收卻找不到買主時，將鮮魚磨成魚漿，再用手掌捏成竹葉形狀，然後烤至定型的食物。而這也是靠著擁有三陸沖這樣一大漁場的環境，才能孕育得出的，相對於慶典使用的紅白魚板，竹葉魚板在當時被定位於日常的保存食品。

改變竹葉魚板印象的功臣是一九三五年創業的阿部蒲鉾店。他們將竹葉魚板作為仙台的名產，當成主力商品推廣，還與技術人員一同研發烤魚板的機械，並在當地公開製造方式，推廣將「掌心魚板」、「舌頭魚板」這些奇奇怪怪的名稱全部統一為「竹葉魚板」。日後隨著觀光熱潮與真空包技術的發展，竹葉魚板一舉躍上仙台名產的地位。宮城縣內的魚板業界在得知全國規模的大企業申請「竹葉魚板」的商標後，體認到這是「仙台名產的危機！」而開始團結，最後才得以爭回商標的所有權。

這故事的確看到仙台人應付危機的潛力，但是對當地耆老而言，竹葉魚板原本只是「日常小菜」，怎知竟然「不知不覺之間成為名產……」。而對年輕人或新住民而言，竹葉魚板本來就被定位為「名產」。逐漸累積出仙台特色。

不過除了支出金額之外，仙台人的「竹葉魚板偏差值」也肯定是日本第一！準備將竹葉魚板當成伴手禮或回禮送人時，每個人都會發揮自己獨到的評鑑眼光，也都有自己支持的魚板製造商，例如「論知名度和品牌經營，當然就是買阿部魚板」、「我的故鄉是石卷，所以當然買白謙」、「我從以前就支持鐘崎」、「要買好吃的就挑高政！」、「仙南（＝縣南）的居民當然要選馬上魚板」等等，各有高見。而且有別於全國販售的主流品牌，仙台人都有自己所講究的愛用品牌。舉例來說，「KAMASHIN蒲鉾店」到現在還保有以炭火手工烤製竹葉魚板的古法，二〇一二年甚至還獲頒水產廳長官大獎，是家具有真功夫的魚板店。

此外，即便對竹葉魚板沒什麼感覺的仙台年輕人，對前文提到的阿部蒲鉾店本店的「炸葫蘆魚板」，也常「不小心就買來吃」。炸葫蘆魚板是將竹葉魚板包在炸熱狗的麵衣裡，再放入鍋中油炸而成，在仙台人心目中是在商店街邊逛邊吃的零食。這樣由正統的竹葉魚板創始店家推出的「日式＋西式」創新混血商品，之所以能自然地就被當地人接受、成為名產，大概也是拜充滿自由風氣的仙台所賜吧！

蕃茄醬可選擇
甜味或中辣兩種
裹著炸熱狗的麵衣
裡頭是蒸魚板
一份量十足
枝就能填飽肚子！
中獎還能再吃一枝！
炸葫蘆魚板
一枝一百五十日圓
可抽再來一枝
一到週末
肯定大排長龍
男女老少都愛吃♡
這家店就位在紅綠燈前面，所以等紅綠燈時，會不知不覺就買來吃～
好吃
好吃
大家都是當場大口大口地吃
所以連腳邊的鴿子也吃得飽飽的（笑）
說到再來一枝的話…讓四十幾歲的人懷念的「SIMAKAGE」的「Viva all」
喔喔～好運來了「vi」!!
中獎了
只有一堆「viva」或「all」的冰棒棍！
若是抽到
viva all
就直接中獎
或是湊到
viva
+
all
就是兩枝（一組）兌換
才這樣以為
結果只有「viva」
…老覺得
只會出現「viva」…
1997年停止銷售
現在由新潟的公司「SEIHYO」重新推出
可抽再來一枝的冰棒
當時賣30日圓
分成草莓口味與巧克力口味
（草莓口味為主流）

※ 有沒有店家肯好心地讓「viva」+「viva」／「all」+「all」也算中獎呢？

潛規則14

不知該買什麼土產時，就買「萩之月」

Sendai Rules

與北海道的「白色戀人」以及京都的「OTABE」齊名，擁有全國知名度&人氣的就是仙台的知名甜點——「萩之月」。質地柔軟的蜂蜜蛋糕包著口感綿滑的卡士達醬，營造出入口即化的膨鬆感，讓眾人趨之若鶩！不過，與這樣的味道與外貌截然不同的是，其發展故事意外地硬派！因為這是靠著科技力量創造出來的商品。

一開始，是將泡芙這道受歡迎的西式甜點結合送禮用的暢銷蜂蜜蛋糕，以生菓子[7]的型態開發出來。光是這樣的結合，應該就保證熱賣了，但卻有保存期限短的缺點。於是，身為製造公司的菓匠三全與三菱瓦斯化學（現稱三菱GAS化學）攜手合作，共同開發出脫氧劑「Ageless」。一九七八年，萩之月因為被採用為航空公司的機內點心，而引起話題。一九七九年，萩之月開始向大眾販售，就此奠定了耐放的伴手禮地位。再加上，據傳女歌手松任谷由實曾在廣播節目上做了「冷凍之後更美味」的宣傳，爭論屬實與否的都市傳說又讓話題持續，造成一波爭相模仿萩之月的風潮，「A貨」商品備出幾乎遍及全國。

不過，對於某些較為年長的人來說，說到菓匠三全的甜點，「還是伊達繪卷與伊達小卷比較熟悉」，除此之外，由於萩之月的知名度實在太高，也有不少人因為「每次都送萩之月，有點了無新意!?」而煩惱不已……。話雖如此，真沒點子的時候，最後還是會選萩之月。可見位居仙台伴手禮王座&讓保存期限夠長的Ageless效果，如今仍屹立不搖啊！

其實仙台是數一數二愛吃甜食的地區。在日式生菓子的範疇裡，甚至凌駕於鼎鼎大名的京都，以全國第三名的支出金額引以為傲（二〇一〇～二〇一二年平均。「總務省家計調查」），傳統的「白松最中餅」與「支倉燒」也有死忠的支持者。此外，茶之井田設立的喜久水庵賣的「喜久福」也常被買來當作聊表心意的禮物。而位於秋保，一天能賣出五千～一萬個御萩餅的「主婦之店SAICHI」也躍昇為全國知名點心。

至於西式甜點，多賀城市的Kazunoli Mulata（以馬卡龍聞名）、手工餅乾的kent、於氣仙沼設立總公司的PALPAW的「Gotto」也很受歡迎。以「老奶奶手工製作的最好吃」為號召的毛豆麻糬也人氣不墜，到處也都有販賣雁月[8]與柚餅子[9]的傳統糕餅店，真不愧是稻米之鄉。

由於被譽為文化人的伊達政宗熱衷茶道，仙台從以前開始就對甜點有著高度需求。其中保留了仙台藩御用甜點歷史軌跡的，是如今已停業的明石屋所製作的「鹽瀨饅頭」。據說第四代藩主綱村很喜歡一間江戶和菓子店——鹽瀨山城的鹽瀨饅頭，所以請明石屋的老闆去當學徒，學習製作方法（而過去南町的和菓子店玉屋，則是前往京都學習鹽瀨饅頭的製作方法，上貢給仙台藩）。

其實從大正到昭和初期，甜點產業都屬於仙台的基礎產業。所以可別小看仙台，侮辱人地問出「仙台的甜點除了萩之月，還有什麼啊？」

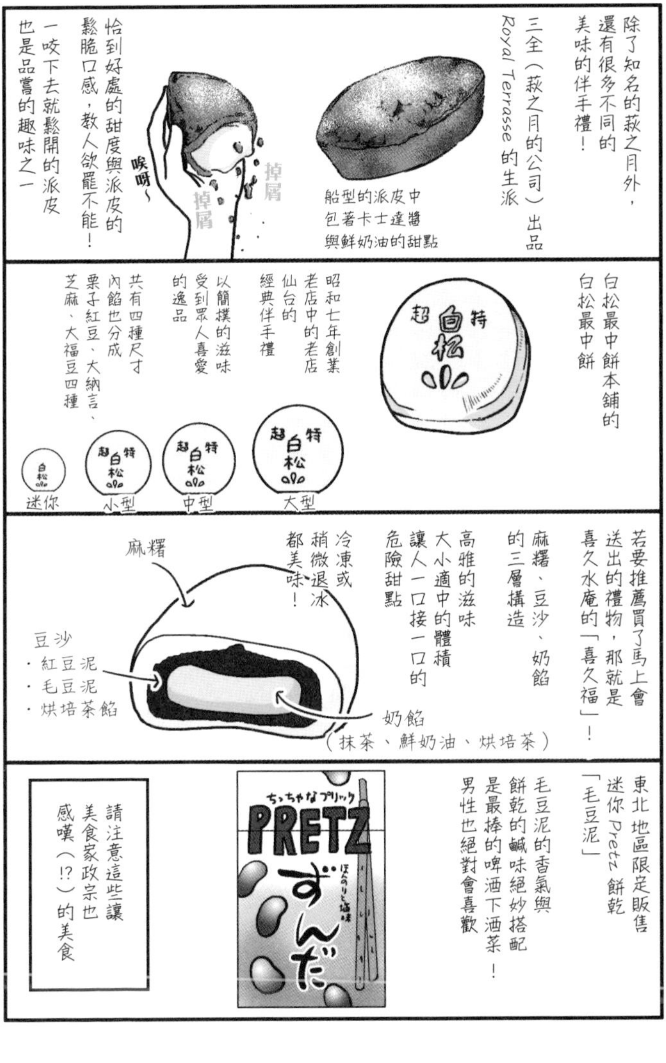
除了知名的萩之月外，
還有很多不同的
美味的伴手禮！
三全（萩之月的公司）出品
Royal Terrasse 的生派
船型的派皮中
包著卡士達醬
與鮮奶油的甜點
掉屑
掉屑
唉呀～
恰到好處的甜度與派皮的
鬆脆口感，教人欲罷不能！
一咬下去就鬆開的派皮
也是品嘗的趣味之一
白松最中餅本舖的
白松最中餅
昭和七年創業
老店中的老店
仙台的
經典伴手禮
以簡樸的滋味
受到眾人喜愛
的逸品
共有四種尺寸
內餡也分成
栗子紅豆、大納言、
芝麻、大福豆四種
大型
中型
小型
迷你
若要推薦買了馬上會
送出的禮物，那就是
喜久水庵的「喜久福」！
麻糬、豆沙、奶餡
的三層構造
高雅的滋味
大小適中的體積
讓人一口接一口的
危險甜點
冷凍或
稍微退冰
都美味！
麻糬
豆沙
・紅豆泥
・毛豆泥
・烘培茶餡
奶餡
（抹茶、鮮奶油、烘培茶）
東北地區限定販售
迷你 Pretz 餅乾
「毛豆泥」
毛豆泥的香氣與
餅乾的鹹味絕妙搭配
是最棒的啤酒下酒菜！
男性也絕對會喜歡
ちっちゃなプリッツ
PRETZ
ずんだ
ほんのり塩味
請注意這些讓
美食家政宗也
感嘆（!?）的美食

潛規則15

看到整隻海蛸也不會嚇到！

Sendai Rules

什麼食材受到在地職業足球隊VEGALTA的吉祥物「VEGA太」的喜愛，又是氣仙沼市觀光吉祥物的原型呢？

若是還不知道答案，代表你對仙台的知識還有待精進！沒錯，答案就是海蛸。

一如「海中的鳳梨」這個別名，在外地人的眼中，表皮呈顆粒狀的褐色海蛸簡直就是一種「不知名生物」，但海蛸可是三陸．宮城的名產！在春季到夏季的產季，連仙台市內的鮮魚鋪都會擺出一個個的海蛸販賣。也會在家裡的冷箱裡發現完整沒處理的海蛸，可說是仙台．宮城人司空見慣的景色。

不過，海蛸的接受度連在地人的反應都很兩極，因為海蛸有股特有的海潮腥味。尤其鮮度不足的海蛸，會散發出不討喜的金屬臭味，所以要吃就得趁新鮮。反過來說，也有一些原本對海蛸抱持「成見」的人，在當地吃過新鮮的海蛸之後，就從此改觀。若是不敢生吃，建議改吃煙燻的「海蛸醉明」。在東北新幹線上也買得到，可作為搭車時「小酌」的下酒菜。

其實三陸的海蛸養殖場，因震災而幾近全毀的狀態。但自從南三陸町收到從鹽竈．浦戶諸島周邊讓渡而來的種苗後，終於在二〇一三年四月，進行了震災之後首次的漁獲收成！以韓國為主要貿易對象的出口量也持續增加。據說政宗也很愛吃海蛸，與日本酒也很對味。不是仙台出身的人，也請先放下成見，體驗一下宮城美酒與海蛸的完美搭配吧！

潛規則16

有很多在此地發跡的美食！

Sendai Rules

難道是受到號稱老饕的政宗影響？還是因為仙台本身食材豐富、民風自由？總之，這片土地孕育了各式各樣的原創美食。其中之一就是中華涼麵，為了提昇夏天時中華料理不振的業績，一九三七年「北京料理 龍亭」的創辦人所發明的涼拌麵，便是這道美食的始祖（另有一說認為東京神保町的揚子江菜館的「五色涼拌麵」才是創始店）。

此外，還有誕生於仙台最繁華地區・國分町的酒吧裡的雞尾酒「Reggae punch」（通稱「REGEPAN」），是一種使用烏龍茶加水蜜桃利口酒做出的蜜桃烏龍調酒，據說是為了不勝酒力的女性發明的。同樣位於國分町，有一家「爐端」是「爐端燒」（在圍爐裏烤海鮮與蔬菜，再用飯杓上菜的料理）的創始店；「HOSOYA'S Sandwich」則是日本的漢堡始祖。此外，雖然不是日本第一間，不過，迴轉壽司首次在東日本登場之地也是仙台，當時開設的是元祿壽司，也就是現在的平祿壽司（G.taste）。

就「擅於開發菜色！」這方面，仙台站的火車便當種類名列日本前段班。若放眼全縣，還能發掘到各種當地美食，舉凡仙南（縣南）引以為傲的「鮭魚親子飯（HARAKO飯）」、石卷的靈魂美食「石卷炒麵」、在登米的油麩淋上蛋汁的「油麩丼」以及「氣仙沼內臟鍋」等等。不過，被某個節目拿來炒作的「麻婆炒麵」似乎不是「仙台名產」……即便仙台人一再否定，但還是有很多人說：「看完節目後就跑來吃了（而且很好吃）」，看來也是這片土地的民風開放所致!?

潛規則17

食材王國！

Sendai Rules

仙台人真正引以為傲的名產到底是什麼？差不多是時候進入結論的階段了。答案就是這個食材王國「什麼都有」&「什麼都是原味就很好吃」。真不愧是過去擁有六十二萬石的伊達藩領地，坦蕩蕩！不需任何多餘的手腳，富有美味珍饈，這就是仙台．宮城的特色。

其中最具代表性的，就是宮城縣宣傳大使「飯糰丸」所象徵的「白米」。江戶時代拜政宗積極開墾新田之賜，實際的稻米收穫量高達一百萬石，遠超過名義上的六十二萬石，當時江戶流通的白米有三分之一來自宮城。之後又開發出品牌米——「笹錦米」以及耐低溫的「一見鍾情米」。即便受到「越光米」等名牌米的競爭，仍有許多仙台人以身為先驅而感到自豪。

亘理的草莓與利府的梨子等農作物、仙台牛與宮城野豬肉等名牌肉雖然也很有名，但絕不能忘了大海裡的珍饈。南三陸是世界屈指可數的漁場，而魚翅與秋刀魚正是氣仙沼的名產。此外，在地居民認為「不比廣島的遜色」，為之自豪的松島牡蠣、石卷的鰹魚，也都是仙台的名產。鹽竈也以日本數一數二的鮪魚漁獲量為傲；名取的閖上為著名的赤貝產地。沿岸地區雖然因為震災的海嘯而遭受摧殘，目前正逐步復興。

更棒的是，因為擁有絕佳的食材，所以連加工食品也很美味。仙台味噌、宮城野納豆與定義山的三角油豆皮，這些都是突顯食材原味的名產，重點是米也好吃，酒也好喝！一切都如此完美，再也不許大家說這裡是「讓《日本妙國民》這個節目沒哏之地」了！

潛規則18

覺得「半田屋」便宜得太誇張

Sendai Rules

「大學學長創下了在半田屋創下吃了二〇〇〇日圓的傳說……」──若是聽到仙台運動型男子如此聊到，該做何回應？不是大笑「騙人的吧！」，就是一臉狐疑地問「你在開玩笑的吧？」這樣才是正確的反應唷！首先解釋一下「半田屋」到底是何方神聖。半田屋是於仙台創業的連鎖餐廳，現在的品牌形象從過去的「白飯的半田屋」整合為「大眾食堂半田屋」。雖然做了這樣小小的轉型，不過還是不脫創業者的理念「想讓每個日本人，每餐都能吃白飯吃得飽飽的」。不，應該說半田屋永遠秉持著讓人吃到胃食道逆流（!?）的風格，依然是錢袋與胃袋都空空的仙台人最大的靠山。

簡而言之，半田屋最大特徵就是「白飯」！「從小就吃大碗公白飯」這句廣告文案裡沒有半分虛假，光是中碗白飯的份量就有四八〇公克，遠遠超過普通的大碗分量。當然，半田屋也有大碗白飯的選項，卻只是幾乎沒人挑戰過的夢幻存在……（菜單上雖然找得到，但卻加註了「很不容易吃完，中碗就已份量十足」的註解）。

第二個特徵是「便宜」。到現在都還備有各種百元以下的家庭菜色，一公斤咖哩（熱量有二二四五大卡）居然定在八〇〇日圓這個難以置信的價位。所以開頭提到的「吃了二〇〇〇日圓」的學長，才會讓人懷疑到底是吃了多少，才會付到兩千日圓呢……？

雖然最近也開了幾間不只追求便宜，還強調選用當地直銷蔬菜的分店，但一如過去被戲稱為「賣豬食的半田屋」（還真失禮！），以往店裡的氣氛有些雜亂奔放，所以女性還真是不太方便一個人走進店裡。或許是為了扭轉形象，還有分店會貼出「歌德：『借貸會失去朋友』」這類的名言（？）或是明文張貼出「不歡迎遇到付錢就顧左右而言他的人、拒收說記在帳上但就是不想付錢的人」的規定。有許多人都會坐在裝潢具有獨特嘲諷氣氛的店內裡，一邊回顧自己的貧困時代，一邊懷念那個「髒得要死的半田屋」。

除此之外，位於Forus地下二樓，巨無霸料理迷的聖地「北京餃子」以及以超大顆味噌飯糰（直徑約二〇公分＆重量約一．二公斤……）闖出名氣的居酒屋「LOVE ME牧場」等等，仙台充滿了留有濃厚青春氣息的店家。如果想了解學都．仙台的另一面，果然還是該以當學生的心情，挑戰超量的巨無霸料理才對！

Sendai Rules

交通篇

購物篇

食物篇

街道篇

詞彙．人際關係篇

生活百匯篇

潛規則19

小而美的城市！

「徒步就可滿足生活需求的城鎮」。現居於市內的超人氣作家伊坂幸太郎，如此形容仙台的魅力（《仙台學》Vol.3 二〇〇六年）。

故鄉在千葉的他，遠赴此地的東北大學就讀，就此愛上仙台，甚至在此建造定居的棲身之地，他說「小說的靈感會在散步之際浮現」。對他而言，仙台真的是大小適中的地方！伊坂幸太郎常從家裡散步到街上，然後坐在咖啡廳或公園的長凳上寫作（常有當地居民提供相關的目擊情報），偶爾隨著心情晃到廣瀨川，一邊靜靜地看著河面，一邊思索事情。他曾說：「作家的生活大概就是這樣吧」，他在仙台實現了他想要的生活。（《FIND》Vol.23 二〇〇五年）。

的確，相對於仙台市本身的龐大，市中心確實是機能集中的精巧都市。走出仙台站西側出口，矗立在眼前的是現代化設計的高樓大廈，緊接著是熱鬧的商店街。周圍環繞著辦公大樓與政府機關，工作結束後，走到鄰近的國分町，即可立刻切換成宴會模式！不過，走出這「夜生活區」沒幾步，眼前立刻出現彷佛正輕唱著牧歌的廣瀨川，而背景正是一片的青葉山丘陵。若以東京來比喻，就像是將商辦區的丸之內、接待客人專用的銀座以及龍蛇混雜的新宿，甚至連嫻靜的高尾山（！）一起，全部濃縮結合的感覺。

雖然現在說到國分町，就會想到是東北第一的夜生活區，但這裡的歷史其實還不長。伊達政宗在仙台開府之際，將原本長期治理此地的國分一族安置於此地，這便是國分町的由來。國分町早期因眾多的味噌批發商以及和服批發商聚集於此而繁榮，於明治初期成為煙花柳巷之地，但隨後因為秩序上的問題，特種行業才於明治十一年（一八七八年）遷至其他地區。之後這裡成為倉庫、批發商與金融機關匯集的商業地區。

其後倉庫與批發商遷出之後，於一九七〇年代才開始興建餐飲大樓。當時推動地區繁榮的正是所謂的「國分町方式」。國分町方式指的是酒類業者（以KANESA藤原屋最為有名）本身擁有餐飲大樓的產權，除了與餐廳簽訂酒類的銷售契約，也負責介紹店面、開張後的後續追蹤以及業務諮詢服務的一種經營模式。能發明這種極為合理的機制，真不愧是仙台人啊！「國分町？散發著濃濃的大叔味，女生聚會不會去啦！」、「要喝就在站前的居酒屋喝一下就好了啦！」，雖然越來越多人抱持著這類意見，不過以創新經營模式發展而成的國分町，在震災之後未見任何衰退的徵兆，持續保持著支持這塊土地的「夜晚休息場所」的地位。果然，仙台人的體內蟄伏著強勁的力量啊！

我叫青葉花子，今天晚上要與在仙台交到的朋友喝酒！
等很久了嗎？
沒關係 沒關係～
要去哪？
仙台站
彩繪玻璃前
国分町
我在國分町找到一間想去的店耶～要不要去看看？
咦～～～
要去「分町」喝的話該約在rus前集合啦才對啦～～！
那裡很遠，在車站附近找一家就好啦～
原來所謂的小而美連步行距離也很迷你啊……
我是覺得沒很遠啦…
要吃什麼呢～～？
我想吃義大利料理…
這也是仙台的潛規則!?

※ 分町（BUNCHO）＝國分町的簡稱

潛規則20

高級住宅區的元祖＝上杉&米袋、新興地區＝泉中央

Sendai Rules

「早期本來是鳥不生蛋，只聽得見蛙叫蟲鳴的鄉下，而且以前根本不在仙台市的範圍……」、「泉？只有換駕照的時候去過吧～一到冬天，泉落山風（請參閱潛規則1）可是會把人吹到快冷死，真的是個鳥地方啦！」——有一定年紀的仙台人，肯定會如此異口同聲地形容這個地區。沒錯，這就是位於仙台市內北側的泉區。

一九八八年，以升格為政令指定都市為目標的仙台市，將宮城町與秋保町合併，列為仙台市泉區，之後因為三菱地所（不動產公司）在此地進行大規模開發案「泉Park Town」，而使泉區從「只有蛙鳴的地方」搖身一變，成為「讓人想居住的地方」！這裡除了有名為高森、桂、寺岡、紫山等等的「住宅區」，附近還有高爾夫球場、購物中心、Outlet，加上貴族氣息濃厚的仙台白百合學園，還有時尚感強烈的東北學院大學教養學部遷入後，更讓泉區的形象大大加分。這裡特別受到年輕家庭與外派至仙台的上班族歡迎（過去實施學區制時，甚至會有人從其他縣市搬到高人氣的北學區），鄰接的「泉 Village Garden Hills」也是靜謐的豪宅區。據說小說家伊集院靜、女演員篠博子夫妻的家以及藤井郁彌的別墅也都位於此處。

此外，傳統的豪宅區就屬在江戶時代武家宅院林立的青葉區上杉，或是仙台藩重臣宅邸林立、位於廣瀨川沿岸的片平丁（在仙台藩的時代，武士居住的城下町稱為「丁」，一般民眾居住的城下町稱為「町」）、米袋（因為地形像米袋而得名）。東北大學（片平校區）與法院也在附近。這裡以西澤潤一這位前東北大學校長的宅邸為代表，充滿著學術氣息，可說是高級住宅區的始祖。話說如此，隨著居民的高齡化，這區也逐漸產生變化……

剛剛提到的泉區雖然因為貴族氣息而人氣高漲，但仍有弱點存在。

那就是寒冷的天候。正如提到泉區，就會有很多當地居民想到「在泉岳滑雪集訓（或是在泉岳少年自然之家露營）的往事，這區的氣候與市中心的確有著明顯差異。從泉地下鐵中央站下車後，眼前隨即出現一片白茫茫雪景的事並不罕見。雖說仙台屬於東北，卻因為是少雪的地區，所以仙台人其實不太耐寒。尤其是住在仙台市南部以及宮城縣南部的人，更覺得「雖然滿憧憬到泉區居住，但實在是太冷了（我才不要）」，抱持敬而遠之的態度。

基於上述原因，關東以西那些原本就怕下雪以及寒冷的調職上班族就要多留意！若只是因為對這裡有所憧憬而決定住在這裡，可是會被「泉落山風」吹得直打哆嗦唷!?

我是道地的大阪人！因為調職而搬到仙台
要住就住高級住宅區的泉區吧！
聽說那區住了很多名人耶？
沒想到有預料之外的陷阱等著!!
好累…騎上坡騎得快累死了…
氣喘吁吁
氣喘吁吁
氣喘吁吁
而且地下鐵的票貴得嚇死人根本搭不起……
沒想到夫婦倆都沒駕照！
冬天
大事不好啦！
好冷！超冷的！雪都積成一大片！
不會吧？我這裡沒下雪耶！
※仙台站周邊
……結果還是決定搬到長町
南邊比較溫暖也沒有陡坡
我懂～
氣溫會突然驟降泉區就是這樣啦…

潛規則21

分成北派與南派

Sendai Rules

一如本書的系列作中《別傻了，這才是大阪》所述，大阪人習慣分成北派與南派。說到這裡頭的玄機，所謂的「北派」是指大阪站梅田周邊的商辦區，算是大阪色彩較不濃厚的區域；而「南派」則是指難波一帶，有著「固力果」招牌等等大阪代表性的知名景點。該選擇俐落的「北派」，還是庶民風的「南派」，大多數的大阪人都依照自身喜好，在固定的範圍裡活動，而仙台也有類似的傾向。

以仙台站為中心，北區的據點就是前文提到的泉中央。這裡的住宅區受到年輕家庭與調任來此的上班族歡迎，地方色彩也較不明顯，是最不容易聽到仙台腔的區域。南區的據點則是長町一帶。正如大阪的南派一般，這裡有歷史悠長的商店街，保留著開發之前的老街氣氛。南北兩區也都有購物中心等，生活基礎建設完備，所以北派的人「不常去南方」，南派的人也「不常去北方（頂多去個Outlet？但是冬天實在很冷……）」。而這種傾向也讓文化上產生差異。

仙台人喜歡聊高中是念哪所學校（請參閱潛規則40），但這與二〇〇九年以前施行的學區制有關，根據一個人的成長環境是在「北（學區）」還是「南（學區）」，可以推敲出一個人的個性，成為茶餘飯後的話題。而且要是小時候在「南區」成長，長大成人後在「北區」買房，可能會被小時候的同學揶揄為「叛徒」……嗯，看來這座小而美的城市裡，也有一道「看不見卻很厚實的牆壁」啊！

潛規則22

會在街上發現「頭髮分線君」與「仙台四郎」

Sendai Rules

髮線三七分的好男人——這位時而出現在街角廣告的人物，名叫頭髮分線君（WAKERUKUN）。這個形象大使是配合二〇〇二年仙台市的活動「一百萬人垃圾減量大作戰」誕生的，與其平凡的外貌恰恰相反的是，他在當地意外地擁有高知名度。即便被認為和現任的宮城縣知事——村井嘉浩長得很像，但這純屬巧合。據說催生出這個形象大使的，是一位仙台市公所的職員，他是以自己為原型設計出來的。人氣達到最高點時，甚至還做出了「頭髮分線君之歌」，二〇一〇年由BIGLOBE舉辦的吉祥物人氣票選中，也得到第四名的佳績。話雖如此，頭髮分線君倒是依然故我，每一年都認真地向大眾呼籲：「寶特瓶的蓋子有沒有好好分類？」、「上班時頭髮有沒有好好分線？」

另一位是常在仙台的餐廳或伴手禮店見到，身著和服、略為福態的男性，他的大名是「仙台四郎」。為江戶時代到明治時代真實存在的人物，他不太會說話，所以又被稱為「笨蛋四郎」。不過不可思議的是，只要是他去過的店，都會生意興隆，所以瞬間成為超受歡迎的人物。死後甚至被當成招來生意的福神，有些店家開始擺放他的照片與裝飾。時至今日，除了老店之外，CLIS Road商店街的三瀧山不動院也有仙台四郎坐鎮，每到聖誕時節，拱頂商店街也會擺出聖誕老人造型的仙台四郎巨型氣球人偶。順道一提，仙台四郎的裝飾或簽名板等周邊商品均可郵購，若想藉助不可思議的招福神力，不妨「每家買一個」試試看？

潛規則23

秋天就在廣瀨川舉辦芋煮會！

Sendai Rules

「咦，這不是全國性的活動嗎？」有些仙台人是去到其他縣市之後，才驚覺這項活動並非全國性的，因而震驚不已……沒錯，芋煮會就是如此重要的秋季活動。

芋煮會在東北一帶是超重要的大活動，但在其他縣市卻沒什麼人聽過，主要的活動內容是在戶外烹煮以里芋為主食材（秋季為產季）的芋煮，然後大家一起分著吃，邊喝酒邊談笑風生。簡而言之，就是一場類似烤肉大會的戶外宴會。春季在西公園或榴岡公園賞花；一到秋季，則在廣瀨川沿岸舉辦芋煮會。通常都是由公司同事或町內會（社區組織）發起，所以兼具在戶外社交的功能。

不過要特別注意的是，仙台的居民來自四面八方，所以也會有其他縣市的成員參加芋煮會，尤其遇到山形縣民參加時，要特別注意。

其實芋煮分成兩大派系，其一是仙台（宮城）風格，其次是山形風格。兩者的差異在於調味與食材。仙台以味噌口味以及豬肉為基底，而山形風格則是醬油口味與牛肉。山形對於芋煮會有多狂熱呢？他們每年九月上旬都會舉辦「日本第一芋煮會嘉年華」，並以直徑六公尺的大鍋與重型機具烹調芋煮，是對芋煮瘋狂的「芋煮大國」。所以每個山形縣民的心中都懷著「山形的芋煮才正統」的自傲。

一如山形縣被揶揄為仙台市山形區的現象，許多山形人為了通學、工作與購物而來到仙台，對他們來說，即使被收歸為廣義的「仙台圈」也無妨，但唯獨芋煮不能退讓!?只不過，仙台人在聽到「仙台的芋煮只是普通的豬肉味噌湯吧？」如此尖酸的挑釁時，只會以「山形的芋煮只是壽喜燒吧？」、「在河邊吃的就是芋煮，不是豬肉味噌湯！（理直氣壯）」配合演出，一旦真的要吵起來，第一個嫌麻煩退縮的，通常都是仙台人……

反正，遇到人數較多的時候，在寬容大度的這片土地上，通常會出現「同時做了醬油口味與味噌口味兩種芋煮」的情況。比起堅持芋煮的口味，將重點放在一同在戶外吃吃喝喝這件事上，才是愛好和平的仙台風格。

一進入秋季，便利超商與超市賣的全是芋煮的相關商品。架上除了陳列著食材一應俱全的芋煮組合與木炭，有些店家甚至會出借大鍋子。很多業者還推出用專車將人載到芋煮現場的接送服務，並於現場準備好相關的食材與鍋具（有些貼心的業者甚至還會一併備妥仙台與山形的兩種口味）。甚至有業者還附上去秋保溫泉泡澡的旅遊行程，看來美其名是芋煮大會，其實只是仙台人想要「暢飲一番、熱鬧一下」的藉口吧！季節一到，廣瀨川岸邊就擠滿芋煮會的人潮（牛越橋附近最是知名）！如果一年沒參加個一次芋煮會，就稱不上是成功融入仙台人的社交圈。如果遇到山形人，不妨請他們做山形風味的芋煮，大家和樂融融地享受「芋煮雙饗」吧！

芋煮 當然是 醬油配牛肉啊！
除此之外別無其他！
味噌配豬肉的話 就只是豬肉味噌湯吧？
牛肉也 比較高級 比較有質感吧！
喂 你們有在聽嗎？
啊～我有在聽啊
所以才準備了 兩個鍋子啊～
炭
來自山形
來自仙台
平常人明明不錯 一提到芋煮就…
來自古川
山形君還真是 有點難搞啊
來自白石
開心地舉辦吧～

潛規則24

小學畢業旅行必去會津若松，紀念品是白虎刀！

Sendai Rules

不知道是不是拜二〇一三年NHK大河劇《八重之櫻》所賜，福島縣會津若松的觀光人數比震災之前還要多得多（順帶一提，在大河劇的歷史裡，於一九八七年播出的《獨眼龍政宗》所創下的收視率記錄至今仍無人可及，這讓仙台人有點小驕傲）。

其實會津若松對仙台人來說，是小學畢業旅行必去的景點（不過發生震災後，也有學校改去盛岡……）。去鶴城、到白虎隊殉死的飯盛山，再去欣賞白虎隊的舞蹈，然後不知為何，紀念品一定是名為「白虎刀」的木刀！然後每個班上都會有個拿木刀玩起刀劍對決，最後被老師沒收木刀的小男生。而且，一定會有人，到現在都還把白虎刀收在壁櫥裡（明明沒在用）……長大成人後，也會開車兜風去吃喜多方拉麵，或是去山形的山寺吃蕎麥麵，感覺上，福島與山形一帶就像是自家後院一般的休閒勝地。

不過，即便同屬東北，青森、秋田、岩手就離得有點遠了吧……其實呢，原是舊仙台藩的岩手縣南部，以及與仙台同樣受大自然恩賜而具有享樂特質的秋田，對仙台有份潛藏的敵意！而且就算同為東北一帶，也分成靠太平洋側與日本海側兩派（據說靠太平洋側的居民比較樂天知命）；即便同屬一縣，也分成內陸與沿海兩種特質（沿海地區有很多必須與大海搏鬥、硬漢的漁夫，所以比起內陸地區，沿海居民的氣質顯得更粗獷一些）。仙台也有許多來自宮城縣以外的東北人。初次見面時，不妨先弄清楚對方來自哪裡吧！

潛規則25

有朋自遠方來，
會煩惱要介紹什麼景點

Sendai Rules

每當有朋友自其他縣市來訪，大嘆：「哎～真傷腦筋！到底介紹什麼景點，又該帶他們去哪裡玩呢？」這是仙台人常有的煩惱。

「第一次來的話，就帶他們去牛舌專賣店吃飯，然後帶去松島玩，或是帶他們去鹽竈吃壽司，再到國分町喝酒，大概就沒問題吧……」（順帶一提，松島和鹽竈其實都不屬於仙台市）。「如果不是歷史迷，對瑞鳳殿或仙台城跡這些景點應該沒有興趣，而且連城郭也沒有……」考慮到這點，便有人認為「第二次來的話，就乾脆開車帶他們去山形玩吧！」。如果是情侶或是一群女生，也可以帶去「SS30（住友生命仙台中央大樓）」或「AER」的瞭望台一遊，但是帶一群男生去的話，氣氛就不太對啦～沒錯，一如「小東京」這個別名，仙台常被揶揄是個缺乏「在地特色」的地方。雖然生活機能完善、居住起來很便利，但是頻繁的汰舊換新和大興土木，導致傳統的街景與店家也逐漸消失。

「有太多店家消失了」——作家伊坂幸太郎也在其散文集《仙台生活》中，以此為標題，貼切地寫出了悵然若失的感覺。大學時代，過去最熱鬧的東一番丁通上原本有七家書店，卻一家接著一家消失；喜歡的咖啡廳也沒了（位置隱密、店裡空蕩蕩的一家店……關門也是正常的吧）；「Army's」這家冰淇淋專賣店也關門了（伊坂幸太郎很喜歡笹錦米冰淇淋。順帶一提，隔壁的MAMMOTH卡拉OK也關了）；連電影院也難逃如此下場。

高山書店、AIE書店、寶文堂（現在只剩跑業務的外商部）、協同書店這些在地書店逐漸消失，全國性的連鎖書店則不斷增加。殘存的在地書店只剩下金港堂。站前的東寶、日乃出會館、一番町的松竹、名畫座這些電影院也一一消失，目前市內只剩下四間電影院，例如The Mall仙台長町的MOVIX仙台。位於仙台站東口，原本有許多傳統店家的鐵砲町與二十人町，也因為都更有所改變，仙石線也潛入地下，新寺一帶可以看到寺廟與墓地以仙台站東口的開發工程為背景一字排開，呈現出一幅超現實的景象。

莫非這就是以分店經濟為命脈，成為東北第一繁榮都市的宿命嗎？……難道就只能這樣下去嗎？不，正因為如此，仙台人對於舊事物的鄉愁才會如此濃烈。其證據之一，就是於二〇〇七年所推出的，收錄了五十首在地廣告金曲的《宮城懷舊廣告全集》，據說一千張CD在兩天之內銷售一空。這片土地絕對不是排斥新事物，只是，對於能確認對土地之愛的「有形之物」也有著相當的執著吧！

怪不得很多在地人會說：「從新幹線看到大年寺山的電視台塔時」、「走出車站，看到天橋廣場與櫸木林道時」，都會有種「放鬆」或是「我回來囉～！」的感覺。觀光景點倒是其次，在當地居民心中，這些景色才是「象徵仙台的不朽標的」，對這些事物懷抱著情感是道地的仙台DNA。

Sendai Rules

交通篇

購物篇

食物篇

街道篇

詞彙．人際關係篇

生活百匯篇

潛規則26

會說故鄉是「仙台」而非「宮城」

一如愛知縣人不自覺封印「愛知」一詞，只稱自己「來自名古屋」；又如兵庫縣人明明不是在神戶市出生，也沒住過神戶，卻硬要說自己「來自神戶」一樣。仙台人被問到故鄉是哪裡時，通常不會回答「宮城」而是回答「仙台」。

這也是仙台人的習性之一。

「因為仙台比宮城有名」、「回答宮城，有可能會被誤認為宮崎，很麻煩」在這些考量中，會成為問題(?)的是那些來自仙台周邊的市或町的人，他們近似於(但不等於)仙台人。像是多賀城、鹽竈、名取、岩沼、亘理郡、宮城郡、黑川郡這些地方，在宮城縣的統計資料裡，都算在「仙台都市圈」中。因此，住在仙台都市圈之內的人自稱「來自仙台」也不算假話，但對於土生土長的仙台人來說，這可攸關他們的驕傲!?因此只要聽到有人自稱「來自仙台」，就會故意嘲諷地說：「岩沼才不算仙台吧！(電話區碼是〇二二三，也跟仙台的不一樣吧!?)」。

總之，也難怪仙台人會這麼白費力氣(?)地澄清，仙台在宮城縣內的地位的確非常重要。首先，住在仙台市的縣民，約占總人口的百分之四十五，可說是非常集中。不過，絕不能就此小看仙台都市圈以及圈外區域的力量！比方說，仙台最典型的衛星都市就是名取市與岩沼市。其實仙台機場不在仙台，而是位於兩市之間的沿海地區，尤其名取還在經濟雜誌《東洋經濟》的「二〇一二年適居性排行榜」中，堂堂登上「北海道．東北」地區的第一名！而且名取市還有規模超大的AEON Mall名取，生活機能可說是十分健全。即便是遭受海嘯肆虐的閖上，著名的「閖上港早市」也已然復活。

同樣遭受地震摧殘的亘理也有許多美食，而鹽竈除了壽司店密度是日本第一，就連魚漿製品的產量也是日本第一，與水產有關產業可不輸其他地方。此外，擁有縣內第二多人口的石卷市，同時發展漁業與工業，以縣北霸雄之姿，推動各種復興計畫。展出石之森章太郎的作品的「石之森萬畫館」也於二〇一三年重新開幕，他與石卷的淵源深厚。打著「在地商品就是漫畫！」的口號，守護著石卷與日本的當地英雄「海之戰士海斗」也誕生了。

在工業方面，汽車製造商．Central汽車（現為東日本豐田汽車）也於二〇一一年在黑川郡大衡村設立總公司。在帶動經濟、就業率提昇之下，周邊的人口也持續增加。

再者，位於仙南的白石市是由政宗左右手——片倉小十郎（景綱）所建造的城下町，還有白石城。縣北的登米也有自明治時代保存下來的街道景觀，因此受到熱愛歷史的女性關注。而栗原市則是名人輩出，例如身為當紅劇作家與演員的宮藤官九郎，以及宮城引以為傲的型男（？）諧星狩野英孝（其老家是擁有一千五百年歷史的櫻田山神社！）……仙台人引以為傲的食材，其實也有很多是產自其他縣市，觀光也全賴松島的幫忙!?所以要想了解仙台，不妨也將注意力放在支撐著「仙台」這個品牌的市外地區吧！

不只是仙台的在地美食！

古川

(株)松倉的
「爸爸的最愛」

ママも喜ぶ
パパ好み
おつまみ
爸爸爸爸～
爸爸的下酒菜
就是爸爸的最愛～
媽媽也會開心的
就是爸爸的最愛～

這是用產自米鄉・古川的蓬萊米
與糯米製作出的米菓，
混和小魚與花生，
是爸爸的啤酒下酒菜
也是媽媽最愛的零食！

氣仙沼

氣仙沼麵包工房的
「奶油三明治」

CREAM SAND
クリームサンド

挾著花生奶油醬的餐包

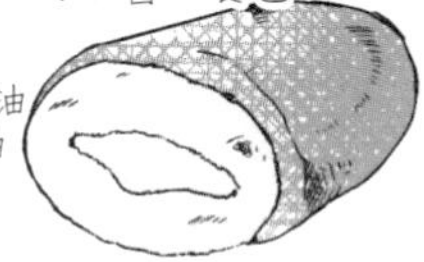

還有咖啡奶油
和芝麻奶油
的口味

味道簡樸卻令人懷念的柔和滋味

白石

漢字寫作「溫麵」，讀作「UUMEN」

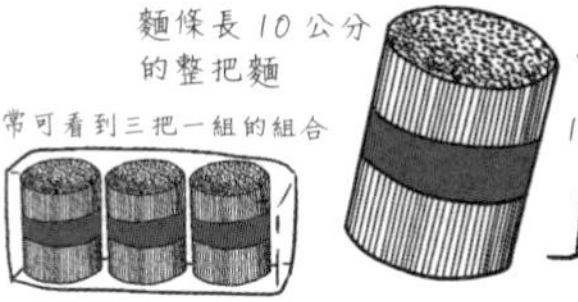
麵條長 10 公分
的整把麵
常可看到三把一組的組合
10cm

與素麵不同的是，製作時沒用半滴油

石卷

在地平價美食「石卷炒麵」

重覆蒸兩次
而變成咖啡色
的麵條
荷包蛋

炒好後，倒入高湯悶煮一遍
味道與外觀截然不同，
高湯風味明顯、味道清爽

也可以淋上
醬汁再吃
石巻焼きそばソース
專用醬汁

冷的熱的
都好吃

溫麵
我是型男！
炒麵

以此搞笑的狩野英孝是栗原市人！

潛規則27

沒有鄉音（自以為）

Sendai Rules

其實，仙台也是知名的電話服務中心集中地。二〇一二年知名網路購物網站亞馬遜，在仙台TRUST TOWER設立了千人規模的「客製化服務中心」。而在此前一年，NEC也於市內開設了PC支援窗口。雖然這些都是在市政府的熱烈邀請下而促成，但是當地語言接近標準日語也是仙台獲選的理由之一。

的確，就最近的統計來看，土生土長的仙台市民約佔仙台市民總人口數的百分之二十六左右，而約有四分之三的仙台市民曾在其他縣市居住。基於這層背景，在仙台很難得聽到仙台腔，就算聽到，大概也都是出自長輩之口。從小在市內長大的年輕人，也因為在學校與來自各地的學生接觸，漸漸地習慣隱藏起自己的仙台腔。

因此，若要研究逐漸消滅的仙台腔有何特徵，第一要點，就是常用濁音與撥音（n），例如「ikanai = igane」（不去）、「sinjirarenai = sunzuranne」（難以置信）。而且也常將「i」發成「u」的音，例如「chideji = tsudezu」（數位電視）、「kahokushinpou = kahokusunpo」（河北新報）。而語尾的部分，「～dane」就會念成「～dabe」或「～daccha」（就是啊）、「～shitekudasai」會念成「～shitekero」或「～shitekesain」（請做～）。

每個地區的口音也各有不同，例如縣北的氣仙沼屬於岩手的語言圈，白石與角田一帶則較接近福島腔。因此，仙台市民老愛揶揄：「根本聽不懂氣仙沼的人在說什麼……」、「仙南的人口音很重」等等，但就算是仙台市民，也都或多或少有點口音吧!?

其實根據《現代的縣民氣質》的調查，回答「喜歡」故鄉方言的人佔百分之七十七（以宮城縣為對象，一九九六年），可見大家對於方言的愛相當強烈！不過，仙台可是個各路人馬聚集之地，所以若知道對方是東京人就用標準日語聊天，若是仙台人就改用仙台腔，而在這種切換的過程中，口音也越來越不明顯……或許這也是因為在地性不明顯，所產生的現象吧？

與「去哪裡都堅持講大阪腔」的大阪人恰恰相反，仙台人不愛主張「個體（性）」，而是尊重群體的平衡，這點也是每個在地居民的驕傲。

※若用仙台腔形容這種狀況，會說成「appetoppe（雞同鴨講）」（年輕人不會這麼說）。

潛規則28

「那個人是不是突然很酷？」

「（嗯）所以啊！」

Sendai Rules

儘管方言逐漸式微，但還是有年輕人常用的仙台腔，而且用法還有點特別……第一個奇妙的用法是「ikinari（ikinashi、iginari）」。「這是標準日語嘛！」若這麼以為，那可就大錯特錯啦！日本全國所使用的「ikinari」等同於英文「suddenly」（突然）的意思，但除了這個原本的意思，在仙台還有英文「very」（非常）的意思，用於強調。

「ikinari（＝突然）被狗大吠、ikinari（＝非常）嚇了一大跳！」這種使用方法很容易讓人聽得一頭霧水，所以不鼓勵大家這麼說。但是若能在吃到美食時，能自然地以「超～好吃的啦」這種感覺脫口說出：「這個，iginari好吃」，就算是合格的仙台腔了！

接著第二個奇妙的用法，那就是聽完對方的話後，會把「dakara!（所以啊）」當成最高級的同意語使用（道地的仙台口音是「ndagaraaa!」）。

因此，回頭看標題的對話，真正的意思是「那個人是不是超帥的啊？」、「對啊對啊，就是說啊！」，即便聽不懂，也不要在聽到「dakara!」之後，傻傻地回問「所以……什麼啊？」，要是對方又回問：「什麼什麼啊？」就會掉入無限的問答迴圈。

而且仙台的「dakara」也可以當成「我知道、我知道！」、「真的是啊！」這類炒熱話題的連接詞使用，算是一種萬用的詞彙，而且要敷衍對方的時候，也很便利唷!?只不過，要是太常使用，也可能導致對方生氣地問：「你真的有在聽我說話嗎？」

此外，有一定年齡的人常把「丟垃圾」說成「投垃圾」，北海道與東北一帶都會使用這種說法，所以要是被指示「去投垃圾」，就把接過手的垃圾袋投出去，那可就錯得離譜了，還請務必乖乖地走去垃圾場丟垃圾吧！與標準日語混淆的方言有很多這點，聽起來雖然很奇妙，但是這些當然都是仙台腔……ndaccha，daaree～！（「當然，這不是廢話嗎？」的意思，主要是長輩用於強調時會講的。若此時回答「dare？是在說誰嗎？」那可就太外行囉！）

※日語中，停止和生病同音（YAMU）

潛規則29

班長的口令是「起立、注意、敬禮、坐下！」，學校運動制服叫做「JERSEY」

Sendai Rules

在仙台，上課前班長所喊的口令有點不同。

全日本的口令都是「起立、敬禮、坐下」，但仙台的口令卻是「起立、注意、敬禮、坐下！」多了一個「注意」。注意？是要注意誰啊？台上不是只有老師嗎……？其實群馬縣的口令也是這樣，但這口令到底來自何處，又是如何傳開的，至今仍是個謎。

仙台限定的學校用語還有「JERSEY」。這個字代表的是學校的運動服，據說是JERSEY SUIT的簡稱（也有源自jersey風格的說法，眾說紛云）。很多仙台人把寫在黑板或書面上的注意事項，寫上誤認為標準日語的說法，例如「自備物品：JERSEY」、「著整齊的JERSEY服裝」。不過，真不愧是伊達者[10]，會把運動服說成JERSEY SUIT，還真是有夠時髦的啦！還有一個仙台人很難向外地人解釋的詞，那就是「izui」，以生理上來說是指「不舒服」，若硬要解釋，大概就是「感覺怪怪的、很不搭」的意思吧？比方說，穿了高領毛衣之後，覺得「脖子附近癢癢的」；或是鞋裡的「襪子tagomatta（形容襪子太鬆，全滑到一邊的仙台腔）」。這裡若能不加思索地喊出：「脖子（襪子）很izui～」那你就是合格的仙台人了。順帶一提，有些人會把穿到破洞的襪子說成「早安襪子」，聽起來還真是menkoi（可愛）！

除此之外，熱愛社團活動的男孩很愛說：「gaoru」（累死了）。說完「今天真的是超gaotta」後，咬一口Viva all（參考第五十三頁）的冰棒，還真是充滿道地仙台味啊！

潛規則30

銀行就是「七七」

Sendai Rules

走在仙台的街上，常可看到寫著「77」的招牌。若是只想著「再多一個7就是777的大獎」，就代表吃角子老虎玩得太兇啦！這可是在地名門企業——七十七銀行的招牌，暱稱為「七七」。這間銀行除了是VEGALTA仙台與仙台89人隊的贊助者，與大多數的仙台人和企業有往來，可說是值得尊敬、不得褻瀆(?)的存在。

就經濟結構而言，仙台屬分店經濟，設有批發、零售與服務業的據點，而當地產業(尤其是製造業)就相對缺乏。但身為東北第一大都市，除了七七外，仍有其他活耀的在地企業。

在地企業龍頭——東北電力是東北地區產業中，業績屬一屬二的企業，而製造業IRIS OHYAMA也是堂堂的在地企業。而二〇一三年四月與農業生產法人共同設立稻米事業的新公司，這種充滿米鄉色彩的新商機也受到注目。當然，藤崎百貨公司也與「七七」一樣，除了支援在地的運動團隊、參加七夕外，也會參加仙台青葉祭跳「雀舞」(年輕員工參加前必須經過嚴格特訓！)，藉此展現與當地密切互動。此外，若提到源自仙台的綜合商社，那就非龜井(KAMEI)莫屬。專營酒類銷售的YAMAYA也是於東京證券交易所一部上市的大企業。除了上述企業，以郵購內衣聞名的Peach John創辦人也畢業於宮城學院高中，創業地點也在仙台。

此外，在震災之後，因為「復興支援型地區社會雇用創造事業」的支援，也誕生了許多「社會型的創業家」。這塊土地的經濟構造將以何種新的趨勢改變，也是十分值得關注的。

潛規則31

聽到「東北初登場」、「東北一號店」就按捺不住

Sendai Rules

二〇一二年「H&M」在櫻野百貨公司開設東北一號店，當時在天橋廣場排隊的人數，居然高達九千人！一大早，仙台站前就異常地熱鬧。再者，二〇〇九年「餃子的王將」於東北首次開店時，門口也出現了約一百五十人的排隊人龍。金澤咖哩的「Go!Go!Curry」首次登陸東北時，也有超過兩百人蜂擁而至。每當像是「拉麵二郎」這種源自東京的店在東北設立時，都會排著長長的人龍……仙台人為了新年首賣，能視寒冷如無物、願意在店家門前大排長龍，這種仙台特有的DNA已在潛規則10中介紹過。雖然全國各地都看得到排隊的景象，但從歷史脈絡來看，有人認為這裡是發明排隊的地方(?)。仙台人表面上我行我素，但卻擁有強烈的購物慾&潛在的趕流行特質。難道說，只要聽到「東北首次登場」、「東北一號店」，從伊達藩時代就深植在仙台人體內的排隊DNA就會大肆騷動嗎?

不對，之所以會大排長龍，當然與仙台是個大商圈，有來自東北各地的消費者這點脫不了關係。但還有一點，就是仙台人能以寬大的心胸接納外來的新事物。京都人常以嚴格的眼光審視「外來者」(指的是除了觀光客之外，來自外地的人或事物)。如此比較之下，會發現仙台人與京都人恰恰是相反的類型。這也是仙台人常被選為企業的市調對象的原因之一。而能讓新商品最早上架的便利商店，若以人口數對店鋪數的密度來看，仙台也位居全國前段班。只不過，仙台人對新事物的熱潮也容易瞬間消退，看來仙台人身上有著易熱易冷的特質啊……

潛規則32

喜歡東京，但對關西（腔）有點沒轍

Sendai Rules

仙台人既不討厭東京，也不想與東京一較高下。正確來說，他們喜歡東京，稍微有點年紀的世代，甚至對東京抱持著憧憬……這就是仙台人對東京的想法。

因此他們會去東京買東西、去東京聽演唱會或參加活動、甚至去迪士尼樂園玩……一個月多次當天來回東京的仙台人並不少見，因為搭乘新幹線的話，單程最快只需花上一小時四〇分鐘，而且高速巴士的班次也很多。仙台人對於東京的距離感，不管是在物理層面還是精神層面，都比東京人所想像的近。

另一方面，或許是因為距離較遠之故，以大阪為首，仙台人對於關西地區（人）「有點沒轍」。從前從前，仙台有所謂的「仙台時間」，也就是雙方在約見面時，習慣把時間約得寬鬆一點，這就是仙台人的風格。所以他們覺得要跟上關西那套節奏快速、有人裝傻，就要有人立刻吐槽的吉本式對話很辛苦。

再說，仙台人本來就不太喜歡走出仙台。尤其住在市內的年輕族群更是如此，他們雖然覺得東京「有很多有趣的店」，但真要住在東京，他們又覺得東京「人太多」、「遊樂場所多到令人眼花撩亂」、「太擁擠雜亂」、「夏天太熱」等等，他們對於「過頭的事物反感」。

這也算是身為東北第一都會的從容嗎!?還是說像大阪一樣，不會特別去在意東京，過著我行我素的生活……這或許就是這塊土地講究一切平衡的特質吧？

潛規則33

恰到好處的都會感
與恰到好處的鄉下感

Sendai Rules

超越鼎鼎大名的札幌，登上全國第一名！

這比的是，仙台市的植被覆蓋率（樹林等綠地覆蓋的土地面積比例）居然是政令指定都市之中的第一名（國土交通省二〇〇九年三月調查）！真不愧是充滿都會感，卻又不失自然綠意的「杜之都」仙台。就連數據也證明了仙台名符其實的成績。

據說這個「杜之都」，是源於政宗建設仙台城與城下町的時候，為了抵擋風雪而獎勵造林所形成的。之後雖因太平洋戰爭的空襲燒毀一大半，但作為戰後復興的象徵，於一九五五年左右開始執行植樹運動。因而開始種植出定禪寺通與青葉通兩旁的行道樹，才就此成為現在眾人所知的「杜」（森林）。這項造林計畫今後也將持續，市政府方面以一百年種植一百萬棵樹為目標，呼籲全體市民一同「打造一百萬棵樹木的森林」。隨著植樹等等的落實，才就此打造出仙台人如今引以為傲的「既是都會，又同時被大自然包圍」的景觀。

據說政宗從岩出山來到這片受河川與大海環繞的土地之後，除了著手開發新田，還希望透過海運事業鞏固財政基礎。而自然條件不只達到經濟效果，自然景觀豐富的特殊地形也賦予了此處與眾不同的表情，讓這塊土地變得更有魅力。因此，儘管這片土地得面對街道再開發、震災後復興等等變數，仙台人仍希望都會與鄉下的比例能保持平衡。而這也是愛著這片土地的仙台人希望這裡能保有「恰到好處的都會感與恰到好處的鄉下感」的小小心願。

潛規則34

雖以東北第一為傲，卻不擅於宣傳……!?

Sendai Rules

儘管仙台人常被揶揄：「自尊心很高」（by仙台市外的宮城人＆東北其他地區的人），他們還是擁有謙虛＆靦腆的一面。的確，仙台是公認的東北第一，但仙台人又時不時會自嘲「充其量就是在東北而已……吧？」其實在《現代的縣民氣質》的調查之中，面對「你覺得目前居住的縣擁有其他縣沒有的特色」這道問題，回答「YES」的人約有四成（以宮城縣為對象），這是東北地區最低的比例，在全國排名第三十七名。由於這片土地吸納了來自全國各地的人事物，造就出「什麼都有」的特質，但也因為如此的多元性，在面對「仙台的特色為何？」這種認同問題時，很容易不知所措。而且氣候宜人、具都會機能、大自然、美食都很豐富。在周圍沒有勁敵的狀態下，也不用特意張揚對故鄉的愛……正因如此，仙台人才會擁有有點從容又有點耍帥的特質吧！

相對的，也是因為這種凡事低調的特質，才能讓一切保持平衡。

一如潛規則33所說的「恰到好處的都會感與恰到好處的鄉下感」，這種恰到好處的平衡正是仙台的特徵，也是最大的優點。而且仙台沒有「仙台就是這樣！」或是「在仙台不這樣不行」的束縛，所以對外來者也很寬容。這種不會壓得喘不過氣的優點正是仙台的魅力——但也唯有住在此地才能體會，若真要傳達給人知道，還真是沒那麼容易……不過，新的趨勢已然誕生。過去的仙台追隨著東京，認為「所謂的流行就是來自東京」，但震災之後，許多人對於過去習以為常的土地魅力有了新的認識，也開始以各種不同的方式加強宣傳。於各地舉辦地區振興的活動，也出現擔起復興大責的年輕創業家。宮城縣內的大學也設立了「復興大學災害志工站」專案，利用「學都．仙台」的優勢，讓更多學生一同參與復興工作。

觀光的部分也是一樣，二〇一〇年，作為觀光宣傳部隊活動的「伊達武將隊」靠著年輕的隊員展現活力。而肩負東北六縣的復興與交流的觀光站「東北六賢公園」、「仙台NAVIC」也能看到年輕人充滿活力的身影。

仙台人雖然靦腆，卻有點愛出風頭；雖然粗枝大葉、個性悠哉，卻對許多事物充滿好奇心；他們雖然謙虛，卻又有自尊心。這種自由自在的仙台力量，希望能如「衝~吧~、衝吧~東北~、衝~吧~、衝吧~、我們大家~」（東北樂天金鷹隊的加油歌）的歌詞一樣，重新鼓動東北大地！

Sendai Rules

交通篇

購物篇

食物篇

街道篇

詞彙．人際關係篇

生活百匯篇

潛規則35

不去「七夕」，但會確保觀賞前夜祭的煙火的位置

「小時候，鑽過彩帶底下超好玩的啦」、「坐在爸爸的肩膀上或是往上跳想把裝飾扯下來，結果被痛罵一頓(笑)」、「人好多，擠得全身是汗，到最後只想回家⋯⋯」，諸如此類，都是仙台人的共同回憶——不知道在說什麼嗎？當然是「東北三大祭典」之一的「仙台七夕祭典」啦！(其他地區的七夕是在七月舉辦，但是仙台的七夕祭是在八月六日～八日舉辦)雖然是日本全國屬一屬二的盛大祭典，但相較於這樣的高知名度，有些當地人卻顯得有些淡定。仙台人雖對孩提時代的七夕祭很懷念，但是問他們還會參加嗎？通常大家的情緒就沒那麼高漲了。

之所以如此的原因之一，是因為仙台是個小巧的城市，所以當「晴日(舉辦祭典的特別日子)」和「褻日(工作與生活的平常日)」的活動全部集中在市中心，就會非常混亂！這段期間，會有許多來自日本各地的遊覽車擠進來參加東北三大祭典，所以不論是交通狀況，還是作為主會場的拱頂商店街人潮，都會混亂到難以想像。尤其祭典期間，降雨機率又老是特別高，導致所有人都往商店街集中⋯⋯如果真的懂得玩的話，應該離開主會場，欣賞旁邊小路裡的裝飾，或是看看獲得優勝金賞的裝飾，才是伊達式的俐落玩法!?

另一個原因是大家認為仙台的七夕祭「又不像青森睡魔祭一樣是動態的，只能用看的而已，對吧⋯⋯」。「雖屬東北三大祭典，但七夕祭好像沒什麼看頭!?」，在謙虛與自尊心的複雜情緒中，殺出陣的是前夜祭「花火祭」。這是情侶約會的首選活動，年輕人的意見大多是

「煙火的話，倒是會去看」。之後又新增了「動態七夕遊行」（現稱「星之宵祭」）。是當地居民在定禪寺通上跳著「七夕舞」和「星之宵森巴」的遊行活動，於是也多了「有朋友會在遊行出場，所以會去看」的在地觀眾。

其他還有「夕涼演唱會」等等，大多都著重在舉辦活動上。但七夕的初衷其實是「祈求書法寫得好、擁有一雙巧手」。因此，七夕祭的「七種裝飾」之中，「短冊」代表的是祈求學問與讀寫的進步、「紙衣」則是希望裁縫的技術能夠精進等等，各有其代表的意義。順帶一提，最為人所知的彩球雖不是七種裝飾之一，不過已與彩帶一同結合，成為仙台七夕祭的主要裝飾（請參考左頁插圖）。這些色彩繽紛又豪華絢爛的裝飾，可是從幾個月之前就開始準備，各個商店街的人甚至不惜熬夜製作。

是的，仙台七夕祭就與新年首賣一樣，屬於仙台商人展現大方氣派的傳統活動（實際上，一根竹飾就可能花費數十萬甚至數百萬日圓……）！雖然大家各有不同的意見，但七夕祭果然還是仙台不可或缺的傳統活動啊！

仙台
七夕初體驗的
五項提醒
穿過裝飾時，要注意前方有沒有人
小心碰撞
一直盯著上面，
會和從下面穿過的小孩撞在一起
哇～
耶～
硬扯
嘻嘻嘻
不可破壞裝飾
一起去七夕祭吧～
我們最近才剛開始交往就不去了～
咦～為什麼？
別硬邀不想去的在地人
有所謂的七夕分手魔咒
請參考第123頁的漫畫！
金賞
主會場的拱頂商店街人很多，
可以到小路裡欣賞裝飾，
是成熟大人的小訣竅。
但別錯過得到優勝的裝飾！

潛規則36

爵士音樂節、光之盛會……由市民主導的活動超多！

Sendai Rules

「在仙台要炒熱演唱會，還真是不太容易啊!?」來仙台表演的藝人之間，似乎流傳著這個都市傳說。不過，只要一打開開關，仙台人體內可是藏著強烈的能量！所以有許多活動其實由市民主導策畫的。

其中的先驅，是一九八六年由義工發起的「SENDAI光之盛會」（簡稱為盛會、光會）。這項活動一開始只是在定禪寺通與青葉通的櫸木林道裝上燈飾，後來透過政府與民間合作，才成長為仙台三大祭典之一（其他兩個為仙台七夕祭與仙台青葉祭）。即便是發生了震災的二〇一一年，也靠著來自東京表參道、秋田大館市的燈泡贊助，再加上重新購買的燈，才得以照常舉辦。如今的參加人數也已超過仙台七夕祭以及同樣類型的「東京Millenario」與「神戶Luminarie」。

接著，於一九九一年發起的是「定禪寺街頭爵士音樂節（簡稱爵士音樂節、SJF）」。這項活動一開始是於一九八七年141大樓的L Park舉辦，一九九一年之後才變更為「以街頭為舞台」的風格。除了爵士樂之外，舉凡搖滾樂、流行音樂與福音音樂，任何類型的音樂都能共襄盛舉，靠著這種仙台特有的包容感，參加的樂團數高達七百個以上，也讓這場盛會發展成日本規模最大的音樂祭。不限音樂類型這點，讓人在購物或下班途中，也能輕鬆地湊近舞台欣賞表演，這份隨性感正是活動的魅力之一。由於舞台散佈在各處街角，建議大家騎腳踏車，這樣可以有效率地轉換戰地，找到自己喜歡的樂團（ElDorado、MASARU&PEACHPIE、SOUL ADDICTION等等人氣樂團都是從這個活動發跡的）。

其他還有能與肢障者同樂的「VERY SPECIAL音樂祭」、與爵士音樂節同樣在戶外舉辦的「仙台福音音樂節（GOS FES）」，以及由市政府主辦的「仙台國際音樂大賽」、「仙台古典音樂節（簡稱SENKURA）」也陸續出現，讓原本被譽為「學都」的仙台，又多了同樣發音的「樂都[11]」頭銜。此外，還有許多由年輕人發起的「陸奧YOSAKOI祭」等等活動，能有這麼多學生志願發起的活動，大概也只有仙台這麼得天獨厚了。

由市民發起、主辦的活動，之所以能得到大家的支持，或許也是因為仙台小而精緻，人與人之間的距離比較接近的關係。「認識的人會出場」、「好像很有趣所以順路過去瞧瞧」，這些原因讓人潮慢慢聚集，回過神來才發現，活動已經比想像中還熱鬧——仙台人看似沉著，但其實藏著一顆強烈的好奇心！如果想體驗一下這塊土地特有的、帶著暖意的熱鬧氣氛，就動身前往每到周末必定舉辦活動的勾當台公園吧！一定能更加融入這塊土地才對。

※一切的魔咒都只是傳聞，還請安心前往唷～（笑）

潛規則37

成人式的前一天是松焚祭（過去）

Sendai Rules

一月十四日的傍晚，仙台站前與青葉通的公車站，會有許多奇妙的臨時公車發車。之所以說這些公車奇妙，原因在於這些公車上所標示的目的地……居然直接寫著「松焚祭」！

雖然直接拿祭典名稱當目的地確實清楚明瞭，總之這些都是開往仙台的冬季活動「松焚祭」的大本營——大崎八幡宮的巴士。祭典本身在仙台市、宮城縣內的各個神社都會舉辦，焚燒注連繩、門松等新年裝飾、御札與御守，大家會圍著火，祈求生意興隆與無病無災。很多人都有小時候被父母帶去附近神社的記憶，如果說代表新年開始的活動是新年首賣，代表新年結束的就是松焚祭這個傳統活動。從前，成人式還固定辦在一月十五日的時候，因為隔天放假的關係，松焚祭都會熱鬧到很晚。

回到剛剛提到的大崎八幡宮，最有名的是松焚祭（DONTO祭）的「裸參拜」。所謂的「裸參拜」，可不是照字面上「全裸的男性們威風凜凜地在街上遊行」的樣子，而是男性頭上綁著白色頭巾、腰上纏著白布、嘴裡含著稱為「含紙」的紙、手上提著鐘與燈籠，列隊前來參拜……形成一個奇妙景象。這個活動起源自這個時期開始準備釀酒的杜氏，為祈求釀造安全與釀出美酒而前往參拜，在嘴裡含著白紙是為了避免行進中竊竊私語。沒錯，雖然名為祭典，卻是一項神聖的傳統活動。如今越來越多當地企業也開始參加裸參拜，成為一項在地化的活動！搬到東京的仙台人常不知道「該如何處理新年的擺飾」，是仙台人特有的煩惱。

潛規則38

即便不是瘋狂球迷，也會為樂天加油！

Sendai Rules

就連狂熱的棒球迷，也會約人「下班後，要去K-STA喝個啤酒嗎？」。可以用這麼隨性的聚會心情去看球賽嗎!?二〇〇四年開始仙台有了當地的球團——東北樂天金鷹隊，而這就是仙台人獨有的加油風格。

其實在樂天金鷹隊成立之前，仙台的棒球史相當坎坷。過去羅德獵戶星隊（現稱千葉羅德海洋隊）於此處設置根據地（當初是準根據地），一九七四年成功奪得聯盟冠軍。然而，卻因日本大賽不在仙台舉辦，連同慶祝日本第一的勝利遊行也於東京銀座舉辦。儘管仙台人再怎麼喜歡東京，也會大喊「哪能這樣啊！」也因此仙台的羅德熱瞬間冷卻，關係也就此告終。

由於過去的創傷，而大家對前縣營宮城球場又只有老舊不堪的印象，球團原以為得花上一段時間，才能找回當地民眾對棒球的熱情，沒想到「去了之後很開心」的口碑漸漸傳開，即便不是死忠球迷，「抱著休閒活動的心情去看球賽」的人也逐漸增加。二〇〇九年，樂天金鷹隊在野村克也教練的帶領下，晉級高潮系列賽第二輪之後，球隊的人氣也跟著直線上升，甚至在縣內創造了高達一百六十二億日圓的周邊經濟效益。

即便在平日，只要K-STA（日本製紙Kleenex宮城球場的簡稱）有比賽，許多上班族也會在下班後前去觀賽（晚上七點半之後的「晚安票」，可讓成人享有兒童優惠票價），假日也能看到家庭和女生們在餐飲設施「甜點王國」排隊的光景，這代表球團在擴展球迷客群的策略上是成功的。

球團的前社長兼所有者．島田亨（現為董事）曾提過「該效法的對象不是其他球團，而是迪士尼樂園」，他希望打造一個「任何年齡層都可同樂」的美式棒球場。此外，還設置了具有話題性的觀眾席，例如「白金名望席（Prestige Platinum，舊稱為沙被席[12]）」（隔著本壘後方的防護網，觀眾席看出去的視野和板凳上的選手差不多）以及「Field Seat」（設於一、三壘界外區，突出的觀眾席）。球場外也設有兒童遊樂設施。

當然，除了「休閒娛樂的心情」之外，仙台人一認真起來，就能立刻炒熱氣氛以及發揮強烈的故鄉愛。非官方吉祥物MR. CARRASCO（烏鴉先生）一出場，全場立刻歡聲雷動（比官方吉祥物CLUTCH還受歡迎!?）。烏鴉先生為金鷹隊加油的加油方式，是五局下半會甩著加油毛巾，七局主攻前會放紅色氣球，而勝利時，則是放白色氣球（如果氣灌太飽，要小心氣球爆掉）。

此外，一開始雖然有「在地選手很少」、「有一天（會像羅德一樣）離開仙台」的聲音，但隨著出現「MA君（田中將大的暱稱）與里田舞夫妻住在同一棟大樓」、「常在三越看到野村教練」等等目擊情報後，便扳回一城。

雖然仙台人不會像廣島鯉魚隊或阪神虎的球迷一樣，高聲喊出對球隊的愛。但是擁有球隊這樣的一個象徵，能讓他們互相確認彼此故鄉愛，仙台人想必正細細品味著這份喜悅吧！

※這個手勢一開始似乎是取作「大聯盟選手的稼頭央BURN！」

潛規則39

VEGALTA支持者的熱情日本第一！

Sendai Rules

這塊土地的人們體內的熱情，加上自由自在的變化能力——或許才是仙台人的真實樣貌。在地職業足球隊「VEGALTA仙台」的支持者們，以其狂熱而獨創的加油方式聞名，俗稱為VEGASAPO。

VEGALTA支持者在J2（日本職業足球乙級聯賽）時期，締造了聯盟第一的觀眾動員人次。其獨特的加油方式之一，就是精彩多變的加油歌。過去J1（甲級聯賽）剛開幕的「Brummell仙台」時代，每一隊的加油歌都只有一首，而他們則將加油歌改編為龐克搖滾的曲風。和當時的東京瓦斯隊（現為FC東京）一樣，以改編歌詞的方式打造出現在的加油陣容。

除了選手入場時唱的〈Country Road〉（原曲為John Denver的〈Take Me Home, Country Roads〉以及〈TWISTED〉（原曲為Twisted Sister的〈We're Not Gonna Take It〉）等等，也曾使用氣志團的〈Swingin' Nippon〉旋律，改編加入加油歌詞，而在震災之後，氣志團還將這首歌翻唱回來，改編為〈Standing Sendai〉，同時開放免費下載，為支持者們打氣。VEGALTA仙台雖然沒有超級明星選手，但與支持者熱情融為一體的組織力卻非常強勁（二〇一二年拿到J聯盟亞軍！），果然很有仙台特色啊！除此之外，繼日本職籃（BJ聯盟）的「仙台89人隊」、女子職業摔角的「Sendai Girls」（仙女）之後，二〇一一年又誕生了女子排球隊「仙台BelleFille」。如果想要親身感受這些死忠粉絲掀起的熱潮，就到現場一起加油吧！

潛規則40

菁英學校就屬數字學校

Sendai Rules

「因為那個人是二高畢業的啊」、「因為那個女生是一女畢業的」——仙台雖然帶著都會氣息，卻喜歡這種帶點土氣的「畢業學校話題」。這背後有著人稱「數字學校」的背景。

所謂的數字學校，是指以舊制中學、舊制女子高校為前身的六所高中，依成立時間排序，在校名冠上了「數字」（只有三高是在二次世界大戰後創校）。分別是原為男校的宮城縣仙台第一高等學校（一高）、宮城縣仙台第二高等學校（二高），原為女校的宮城縣第一女子高等學校（一女）、宮城縣第二女子高等學校（二女）、宮城縣第三女子高等學校（三女），這幾間歷史淵長的升學學校，再加上戰後創校的宮城縣仙台第三高等學校（三高），就是所謂菁英學校的陣容。基於上述理由，畢業於數字學校的人，就跟菁英畫上等號，不只是本人，連其父母親都會對此引以為傲。

但自從二〇一〇年，實施男女合校的制度之後，讓這樣的菁英陣容受到威脅，而各校的校友更是強烈地反對男女合校的制度。他們向專制推動男女合校的前知事淺野史郎提出抗議，就算這片土地總是在失去「代表仙台的象徵」，他們仍想保護心愛母校的傳統！只不過到最後，一女的校名還是改成宮城一高、二女改為仙台二華高、三女改成仙台三櫻高……（順帶一提，二華高導入了完全中學制度，今後的偏差值變化值得關注）。

話雖如此，回憶卻未曾褪色，例如「以前常去二女的學生餐廳吃飯啊！」（一高校友）、「一高的人老愛在校門口閒晃，真的很煩（笑）」（二女校友）、「到現在還記得當時定期戰（請參閱潛規則41）的比賽情景」（前二高應援團隊員）等等，在愛校心強烈，實施學區制的時代裡，甚至有仙台人不惜搬家，也要讓自家小孩「進入自己的母校（二高）就讀（絕不讓自己小孩進入敵對的二高）」。

而且當地還流傳著「頭腦就屬一女、長相就屬二女、身材就屬三女」的順口溜（意思是「最聰明的是一女，最可愛的是二女，體育社團活動最活躍的是三女」），還會討論「宮城學院繡有M.G.字樣的毛衣超可愛的」、「不對不對，日本第一可愛的制服是常盤木的水手服」，就連男生部分也有「學院（東北學院）的學生制服超帥的」等等，這類為私立學校制服瘋狂的話題，也是仙台特有的風氣（仙台的公立高中通常都穿便服上學）。

直到現在，以作風強勢為校風的一高校友，對於男女合校這件事仍有所批評，可見仙台人對數字學校的執著有多強烈！

如果你是初來仙台的外地人，請先了解這些學校的背景與歷史脈絡，如此才能不出差錯的與在地人聊畢業學校的話題！

關於仙台制服
仙台白百合學園
中學·高等學校
宮城學院
中學校高等學校
中學校是
胭脂紅的
領帶
雖是全國都有
白百合學園，
但在仙台校內
圍裙是水藍色的
M.G.
毛衣上繡有
大大的M.G.字樣，
超可愛
TOKIWAGI
鴿子圖騰的
徽章
在私立女高中生之間
有一陣子超流行的「工大手提包」
KOHDAI
舊款
尼龍材質
似乎因為這股風潮而變得價格不斐
男生的制服也
很可愛！
常盤木學園
高等學校
※一、二、三高、一女都沒有制服
所以他們才對別校的制服如此憧憬……

潛規則41

一高（ETE高）VS二高（NIKOWO）！

Sendai Rules

仙台・宮城是個運動興盛之地，一如潛規則42所提，這塊土地過去曾有許多棒球名人輩出。但有個比賽，既沒有職棒的未來之星參賽，也不是什麼全國聞名的比賽，氣氛卻異常熱烈。那就是被譽為「杜之都的早慶戰[13]」，仙台一高（又稱ETE高[14]）與二高（又稱NIKOWO）間的高中棒球定期戰。據說源自一九〇〇年，校長間的隨口爭論，歷史甚至比真正的早慶戰還長。

不過，讓這場定期戰成為當地知名活動的原因，並非比賽的內容，而是雙方互別苗頭的加油對抗戰!?比賽前幾天會進行宣傳遊行（一高的說法。二高則稱為「推廣遊行」）。應援團領著隊伍前進，跟在後面的在校生則舉著牌子或是變裝，大聲地唱著加油歌與喊口號。

比賽當天還能看到白髮蒼蒼的資深校友，忘齡地一同加油。由於過去實施的是學區制，所以一高的學生都是宮城縣南學區的「鄉下天才」，而二高則是仙台市內北學區的「都會秀才」，這讓兩方的加油方式恰恰成為對照組，一高屬於粗曠的「本土式」（穿著高高的木屐以及寬大學生制服或羽織袴），二高則屬於紳士的「西式」（穿著純白的西式學生制服）。兩校後來都改採男女合校的形式，於是女生也加入應援團加油，這個傳統也就繼續傳承下去。

這兩所學校都是數一數二的菁英學校，課業上的較勁也從未間斷。不過從應援團的形象來看，二高似乎比較受女生歡迎……？哎呀，反正在各種意義上，這兩所學校永遠是彼此的勁敵……若想體驗一下學都特有的青春氣息，務必親臨現場，領教一下兩方的加油對抗戰！

潛規則42

運動菁英是南光&育英

Sendai Rules

若這兩所學校都通過高中棒球的縣預賽，比賽的熱度將大幅提昇——他們既是縣內的兩大強校，在全國也擁有高知名度。分別是南光學園東北高等學校（俗稱南光）以及仙台育英學園高等學校（不過都未獲得全國冠軍。能否「跨越白河」，將冠軍旗幟帶回東北，今後也值得期待）。

這兩所學校也是知名的體育升學學校，例如南光的畢業生有被譽為「大魔神」的佐佐木主浩（老家在泉區，老婆榎本加奈子經營的湯咖哩店也在仙台），達比修有（故鄉是大阪，高中時代就是非常有名的型男）。此外，還有荒川靜香（故鄉是東京）以及目前備受注目的羽生結弦（老家在泉區）兩位花式溜冰選手（市內的五色沼也是日本花式溜冰的發源地），還有故鄉不在仙台的高爾夫球選手，宮里藍與木戸愛等等人才輩出。育英的畢業生除了職棒選手，還有橄欖球選手畠山健介、前日本女子排球代表大友愛（仙台育英設立了特別升學課程，也創辦了東北第一所完全中學．秀光中等教育學校，可見在對升學也非常用心）。

若提到女子排球，除了這兩所學校還有古川學園（享有「薰姫」名號的菅山薰的母校，當時還叫做古川商業高校）。若提到高中女子足球，就屬常盤木學園（水手服超可愛。請參考第一三五頁）最為有名，也培養出許多大和撫子日本國家女子足球隊選手。

仙台也是全國運動菁英匯聚之地。體育界果然也是人才來自四面八方的混合文化啊！

潛規則43

論偏差值最高的是TONPE（東北大學），論人數與受歡迎程度就是學院（東北學院大學）

Sendai Rules

被譽為學都的仙台，從明治初期就設立了許多高等教育機關。大街上充滿了年輕人的身影，其中最受注目的就是東北第一、被稱為「神菁英」的東北大學，人稱TONPE。

一反這樣充滿鄉村味稱呼，光纖之父西澤潤一與諾貝爾化學獎得主田中耕一，這些知名研究學者都是畢業於東北大學。其金屬材料研究所在材料化學的範疇裡，也是世界級權威。醫學部更創下日本首次體外授精嬰兒成功誕生的歷史。此外，也是魯迅留學過的大學，因此在中國也很有名。其他還有如小田和正、內館牧子（研究所畢業）這些出色的畢業校友。

不過，正如這所大學提倡的「研究第一」方針，理科學生總是勤於課業，導致與流行、談戀愛無緣……（只知道念書的書呆子東北大學生，總被揶揄為IKATON[15]。不過最近似乎有改善的趨勢……）。

相較之下，在受異性歡迎方面表現最優異的就是東北學院大學。包括附屬的國高中，有很多有錢人家的子弟，所以被封為東北的慶應、青學（青山學院大學），也因為學生數之多被喻為東北的日大（日本大學），而且和日大一樣，畢業校友擔任社長一職的人數也是宮城縣第一！

順帶一提，仙台的「六大學」分別是本文所提的兩所加上職棒選手輩出的東北福祉大學、培育老師的宮城教育大學、簡稱「東工大」的東北工業大學，還有雖然位於縣南……但名叫「仙台」的仙台大學。另外，仙台的大學校區幾乎都位在地勢高的台地，電動腳踏車是必備的。不過，一入冬又很容易打滑！以這些學校為志願的考生，可要小心「慘遭滑鐵盧」喔！

潛規則44

文都（文學之都）

Sendai Rules

如果懂得在拱頂商店街的和服店「MUKADEYA（蜈蚣鞋店）」，領取抬頭為「吉良吉影」的收據，或是跑到定禪寺通，站在由Emilio Greco製作的影像前面，擺出奇怪的姿勢（所謂的JOJO站姿）拍照，那鐵定是JOJO愛好者！

在仙台長大的漫畫家荒木飛呂彥的代表作《JOJO冒險野郎》第四部就將故事舞台設定在S市杜王町。S市當然是暗指仙台市（而杜王町取自杜之都），有許多漫畫裡出現的人物與地點，與仙台實際存在的地名、店名有關。因為這部漫畫擁有許多狂熱的支持者，所以有很多如開頭所述，到仙台進行「聖地巡訪」的JOJO愛好者！這些愛好者會定期舉辦「JOJO站姿的集會」（？），所以衍生出不少隱性的經濟效益。

除了已經提及的伊坂幸太郎、荒木飛呂彥之外，與仙台．宮城有淵源的作家、漫畫家其實不少。與伊坂一樣從外地移居仙台的作家，早期有島崎藤村（住了一段時間。曾經是東北學院的老師），近年的則有直木賞作家伊集院靜。故鄉為山形的井上廈則是一高的校友，其著作《青葉繁茂》小說所描寫的正是一高學生那匆忙混亂的青春。老家在仙台市的佐伯一麥也同樣畢業於一高，目前於市內居住。以出道作品《寄生前夜》而成為話題人物的瀨名秀明，畢業於東北大學研究所。老家在登米，並自稱石卷是第二故鄉的漫畫家石之森章太郎也被譽為是「宮城縣的漫畫王」。

此外，以此地為舞台的小說常被翻拍成電影。尤其是伊坂的作品《家鴨與野鴨的投幣式置物櫃》、《Golden Slumbers：宅配男與披頭四搖籃曲》、《洋芋片》都已被翻拍成電影，電影場景也全在仙台&宮城拍攝。許多仙台人暗自開心，懷著「伊坂先生還真是喜歡仙台啊」的喜悅，客串演出這些電影。

透過外地作家移居此地的加持，仙台的「文都」（文學之都）稱號更加廣為人知。而且，越來越多像Emilio Greco製作的彫像一樣的新觀光景點（？）。以七濱町為故事舞台的漫畫《神薙》（武梨繪里），也因為支援震災復興的關係，讓支持者的熱情得以重新點燃！上述種種事跡，也都是仙台這樣廣納百川的特質造就出來的吧！

擁有多數狂熱粉絲的《JOJO冒險野郎》作者荒木飛呂老師就是仙台長大的漫畫家
第四部的舞台更是以仙台市為雛型創作出來的
二〇一二年也選擇先在仙台（而非東京）舉辦原畫展覽會
發行仙台限定的小報《杜王新報》
在作品中出現的「OWSON」也忠實地重現出來吸引許多JOJO迷造訪仙台
OPEN 24 H
在仙台知名的Padrino del SHOZAN餐廳裡
能實際吃到「Trattoria Trussardi」
作品中的托尼奧限定套餐！
哇噢～～
如果在仙台看到這種站姿的人
那肯定是JOJO愛好者無誤……

潛規則45

報紙就是《河北新報》

Sendai Rules

縣內市佔率約百分之七十——提到擁有絕對市佔率的地方報紙，非《河北新報》莫屬。除了報導縣內新聞，同時掌握了東北整體脈動，公司行號的訂閱率也非常高。一如創刊時的絕不停刊宣言，河北新報連仙台遭受空襲時，也不曾停刊，擁有非常不得了的紀錄。

這個宣言，即便震災發生的「3．11」當天也沒有例外。當時沿岸的分公司被海嘯沖毀，組版的系統也報銷。在連網路也斷線的情況中，好在靠著簽定過相互支援協定的《新潟日報》幫助，得以發行號外。讓每個於各個避難所暫避的「資訊難民」得以收到報紙。當時的情景被收錄到《河北新報最漫長的一日》一書裡。同為災民的記者、攝影師，是如何面對每位災民，且在全國媒體爭相報導福島核能發電所的情況下，到底報導哪些事情、又該如何報導？他們將一邊思索著這些問題，一邊繼續採訪的模樣記錄下來。

而在地區性報紙之中，以石卷為據點的《石卷日日新聞》雖因海嘯而無法進行印刷，但仍以手寫的「壁報」繼續報導新聞，內容以支援物資與志工等，這類充滿希望的新聞為主。這樣的情景也被國外媒體報導，「壁報」的實物還送到美國的博物館「新聞博物館」(NEWSEUM)展示。雖然只待在仙台市中心的話不容易察覺，但其實市內的沿岸地區，至今仍殘有震災過後的陰影，得靠當地媒體持續追蹤採訪，報導災區振興的過程。為了能像這樣了解災區現況，同時為了閱讀充滿仙台色彩的「我們的地方新聞」，地方報紙都是非讀不可的！

潛規則46

在地藝人就是宗哥與本間弟

Sendai Rules

每到平日傍晚，若在天橋廣場看到攝影機與工作人員，絕對是那個節目的實況轉播。沒錯，就是那個足以代表仙台的在地節目《OH!・Bandesu》（宮城電視台的節目。節目名稱是取自「晚安」的方言「obandesu」），這個長壽節目於二〇一五年歡慶了二〇週年。

提到這個節目的當家，當然是當地居民暱稱為「宗哥」的佐藤宗幸。若只聯想到「是那個唱《青葉城戀歌》的藝人？」，可就不配當仙台人了！宗哥雖然在岐阜出生，但兩歲就搬到古川市（現為大崎市）生活，在東京闖蕩演藝圈後回歸仙台，是一位愛鄉愛土的意見領袖。

與宗哥齊名的在地藝人，就是被暱稱為「本間弟」的本間秋彥。除了在KHB東日本放送的情報節目《突擊！臭屁TV》擔任主持人，也是十分知名的廣播DJ。他是牡鹿町（現為石卷市）人，那方言連發的說話方式是他的特色。這位本間弟也於震災復興支援節目——廣播體操的石卷腔版《我們的廣播體操》獻聲，在廣播中說著「災後復興需要笑聲與體力！」以及「我們的廣播體操～來，要把手臂往上伸直，用力～將背拉開～」用石卷腔帶領大家做體操。

其他還有活躍於《三明治的不～裝傻TV》節目中的仙台出身搞笑藝人三明治人，以及來自各方，卻以仙台為主要活動地點的樂團MONKEY MAJIK（猴子把戲），而這些藝人的共通之處在於渾身上下散發著一種柔和、溫暖的感覺（除了三明治人的伊達幹生乍看有點兇神惡煞就是了……），而這就是他們長期受到仙台人喜愛的祕訣。

潛規則47

要鎖定「Watch-in！宮城」的天氣預報！

Sendai Rules

以全國性資訊節目《三野文太的早晨震撼教育！》為基礎重製，更換了大半內容，試圖走出獨立路線的節目──TBC東北放送的《Watch-in！·宮城》，在當地擁有廣大收視群。

其知名企畫之一就是「私立TBC氣象台」的天氣預報單元。是於二〇〇二年，東北地區電視台首次得到天氣預報許可，得以由TBC獨立製播的天氣預報，其鎖定各地區的點狀預報以及服裝建議等等簡單又詳盡的內容，是最大的特徵。

促成播報天氣預報的最大推手，就是TBC氣象台初代所長、人氣氣象播報員的齋藤恭紀，在當地被暱稱為齋藤先生（從Weathernews社跳槽，而之後又成為眾議院議員）。他被譽為是改變本地天氣預報概念的男人，而配角的「冬將軍」與「debiko醬」也擁有很多粉絲。現在這個單元改由以眼鏡鏡框顏色代表天氣的療癒系主持人佐藤正則（暱稱正弟）與透過背心顏色表達天氣的尾崎尚之（晴天時，會穿上和奧黛麗春日一樣的粉紅色背心！）播報。透過觀眾投稿的照片說明各地天空情況的「今天的人工氣象採集」或是其他的運動企畫都會出現用手寫的字卡，可說是充滿了手工製作感的節目。

「我是齋藤先生的粉絲！」、「戴眼鏡的正弟好療癒啊」、「淳吾先生（主持人佐佐木淳吾）真有深度啊」，當地居民都會親切地以暱稱稱呼節目班底──能參與這些在地話題，就是道地的仙台人了。若要掌握在地限定的資訊或是天氣預報，早上就要鎖定《Watch-in！·宮城》喔！

潛規則48

聽到「yan、yan、yayan」，就想到「八木山的唷～♪」

Sendai Rules

在仙台人心目中，八木山BenyLand（通稱BenyLand）的地位，就是「小時候曾經去過一次」的休閒地點。若想引起大家的共鳴，就得先唱好廣告主題歌。一到黃金週[16]，這個廣告歌的播放次數就會增加，每個仙台人都能憑著記憶唱個幾句。樂天金鷹隊也將這首廣告歌當作得分機會曲使用，即便是仙台新鮮人，也務必學會這首歌的原版和改編歌詞。

另一個為當地人熟知的廣告歌就是「從車站走三百六十五步～♪」的三原堂。在拱頂商店街也會播放，還有就像是看到「水晶堂眼鏡店」的招牌就會順便做視力檢查一樣，確實有人無聊到去實驗是否「真的距離三百六十五步」；一直單調地重複「那條街、這條街，跑遍仙都♪」，讓人印象深刻的是仙都計程車（作詞作曲為IZUMITAKU，副歌是由Duke Aces合唱的豪華版）；還有不倒翁不斷地跳舞，並唱著「不倒翁、特價、特價♪」的不倒翁藥局，也是有名的在地廣告之一；以「因為是內心溫柔的人～♪……而那個人也擁有～」的歌詞搭配小調旋律洗腦的是「白松最中餅」；另外還有不是以歌曲，而是以ORANDA仙貝（「orada＝我們的」的意思，源自庄內方言……）聞名的「友、遊、裕的酒田米果」（by水島裕）。這些都是應該耳熟能詳的廣告。

最後則是藤崎百貨的形象歌曲〈好喜歡啊，這條街……〉。如果能與仙台人一同合唱這首歌，深感「仙台真是一個不錯的地方」的話，一定能瞬間縮短與在地人距離。

潛規則49

「金窩銀窩，都比不上自己的狗窩」——那就是「杜之都」

Sendai Rules

「會一點一點地體會到這裡的美好」——就是「仙台的神祕之處」。

仙台代表性的在地藝人佐藤宗幸曾如此描述仙台（節錄自《樸實的都市 仙台之書》）。

的確，與其說讓人「一見鍾情」，這塊土地的美好，是要住過一陣子、靠著細細品嘗才能了解的吧！

這裡沒有如東京或大阪般，那麼外顯、一目了然的華麗與刺激，但是，若真住在那麼多采多姿的地方，身心一下子就疲乏了吧!?

所需之物唾手可得，小而美的大小。

綠意盎然，悠哉、不緊繃的生活節奏。

不用過分勉強自己，能夠怡然自得的環境。

這就是仙台生活的精髓。而且就連氣候也很怡人，最高溫超過三十度以上的日子與最低溫低於零度的日子加起來，一年只有十九天而已（一九七一年～二〇〇〇年的平均）。除了擁有職場與住處接近的優勢，若想休閒一下，隨時有山林、河川、海洋和溫泉這些地方可供放鬆。正因為如此，在以上班族為對象的問卷調查中，仙台才成為「住起來很舒適的都市」第一名（《日經地域情報》346號），而仙台也是能夠完全實踐目前正在流行的「工作生活平衡」的都市。

這種凡事恰到好處的平衡感，也反映在仙台人的DNA裡。或許是因為這裡得天獨厚的富饒，才會被人覺得在東北地區中，他們個性寬容大度與悠哉的人特別多，也常被批評缺乏競爭意識與堅持。不過，他們就是生性不過度張揚在地特色、不太善於表現「差異」與「個體性」。而「3．11」發生的時後，許多人儘管自己也是災民，卻湧現「跟別人比起來，自己還算好的……」、「覺得很對不起沿岸地區的居民」的心情，很自然地為他人著想。這正是不特意強調「自我」的日本美德。仙台人表面上看似淡然又內向，但其實蘊含著「溫柔」的本質。

不過，雖然有如此柔和的一面，他們心底那份對仙台的愛和驕傲，其實一點也不輸人。

距今四百年前的西元一六一三年，政宗為了擴大交易，而派遣慶長遣歐使節團前往西班牙。但在當時，其實兩年前才剛遭受慶長三陸海嘯摧殘、災情嚴重，所以派遣使節，可說是非常大膽的策略。宮城縣慶長使節船博物館館長．濱田直嗣表示，當年派遣使節的概念，其實就跟現在所謂的「復興計畫」相同（節錄自《Train Vert 二〇一三年 四月號》）。

如今，已是東日本大地震發生後的第三年。在傷痛慢慢地淡去的同時，仙台人也再度認識原本習以為常的、這塊土地的魅力，並且重新摸索該如何將這份魅力傳達出去。當然，他們倒是不會太繃緊神經去做啦，再怎麼說還是仙台人嘛！

「金窩銀窩，都比不上自己的狗窩」——在這塊土地的居民心目中，「杜之都」就是他們最棒的窩。

我叫青葉花子，
現居於仙台
以前聽到仙台、宮城
就只會想到
牛舌或萩之月
萩の月
萩の月
對東北也只有
很寒冷的印象
沒想到仙台很都市化
同時很貼近大自然
氣候也很舒適
完全符合所謂的
「恰到好處的都會感、
恰到好處的鄉下感」
是個溫和的地方
我們去吃
炸葫蘆魚板吧！
嗯！
正如有點害羞
卻很溫柔的老公
一樣……
iginari！
好吃！
dakara～！
講出仙台腔了！
一點一點地
展露其魅力，
我最棒的窩——仙台

註釋

1 日文發音為「HONMAKANA、ARIENAI」，取「真的嗎、不可能」意思的諧音。

2 自二〇一五年十二月東西線開通後，目前共有兩條地下鐵路線。

3 景品表示法：日文的景品為贈品的意思，而景品表示法則是禁止過度提供贈品與宣傳不實的法律。

4 ・超擠：原文為「ドット混む」，與「.com」發音相同，同時意指「超擠」。

5 DC品牌：設計師品牌，DC是設計師(Designer's)和角色(Character's)的縮寫。八〇年代在日本國內曾廣泛流行的一種時尚潮流。

6 拉麵二郎：一九六八年於東京都目黑區東京都立大學附近設立總店，於二〇〇九年被英國衛報評為全世界必吃的五十道美食之一。

7 生菓子：主要是水份較多，包有內餡的日式甜點，例如甜饅頭、羊羹都屬於生菓子。

8 雁月(がんづき)：東北地區的鄉土點心。將麵粉和蛋等材料混和，再加入蘇打粉和一點點的醋，使其口感蓬鬆，用蒸的方式做成。

9 柚餅子(ゆべし)：一種使用柚子或核桃做成的日式點心。正如其名，一般是用柚子做的，但由於東北地區取得柚子不易，便改用核桃取代。

10 伊達者：意指裝扮華麗，表現高調的人。這個詞據傳和伊達正宗的華麗打扮有關，原為仙台藩的領民所使用。

11 日文中，「學都」與「樂都」的發音均為「GAKUTO」。

12 沙被席：日文原文為「砂かぶり席」，原指相撲土俵下方的座位。因為是離比賽場最近的觀眾席，因此宮城球場也使用這個名稱，來稱呼這個坐在本壘後方的觀眾席。

13 早慶戰：早稻田大學與慶應義塾大學之間的運動對抗賽。

14 ETE高：音同「エテ公」，在日文中有猴子的意思，是二高學生嘲諷一高沒氣質的戲稱。

15 IKATON：日文原文為「イカトン」，是從日文的「いかにも」(完全)+「トンペー」(東北大學的簡稱)而來，用來戲稱東北大學學生書呆子的形象。

16 黃金週：日本四月底到五月初之間的連續假日。

參考文獻

《ジミ都市　仙台の本　杜の都へのナビゲーション》　大内順著　しののめ出版
《知れば知るほど新発県　なるほど知図帳　宮城》　昭文社
《宮城県謎解き散歩》　吉岡一男編著　新人物文庫
《仙台ぐらし》　伊坂幸太郎著　荒蝦夷
《寄り道・道草　仙台まち歩き》　西大立目祥子著　河北新報出版センター
《せんだい歴史の窓》　菅野正道著　河北新報出版センター
《仙台牛たん焼き物語》　井上英子著　河北新報社
《今は昔　仙台明石屋物語》　渡辺仁子著　あきは書館
《仙台学　vol.2　vol.3》　荒蝦夷
《これでいいのか宮城県仙台市》
佐藤圭亮　丸山佑介　和田虫象編　マイクロマガジン社
《河北新報のいちばん長い日》　河北新報社著　文藝春秋
《現代の県民気質—全国県民意識調査—》　NHK 放送文化研究所編　NHK 出版

《青葉繁れる》　井上ひさし著　文春文庫
《伊達政宗1～4巻》　横山光輝画　山岡荘八原作　講談社漫画文庫
《Kappo 仙台闊歩　Vol.63》　プレスアート
《るるぶ情報版　仙台　松島　宮城，14》　JTB パブリッシング
《仙台経済界　2013　5－6月号》　仙台経済界
《仙台経済界　2013　臨時増刊号》　仙台経済界
《トランヴェール　2013年4月号》　ジェイアール東日本企画
富士通セミコンダクターマガジン《FIND》vol.23　富士通セミコンダクター
情報網站「街NAVI 仙台」　街ナビプレス社
「広瀬川ホームページ」
　仙台市建設局百年の杜推進部河川課　広瀬川創生室
「仙台市市勢要覧」　仙台市企画調整局総合政策部　交流政策課
*其他亦參考《河北新報》、全國性報紙、觀光課・觀光交流課文宣品、各公司・自治團體的官網。此外，本書是經過許多仙台、宮城人的寶貴意見與想法所完成，非常感謝各方協助。

浮世絵13——仙台

別傻了 這才是仙台

烤牛舌・杜之都・食材王國……49個不為人知的潛規則

國家圖書館出版品預行編目(CIP)資料

別傻了 這才是仙台：烤牛舌・杜之都・食材王國……
49 個不為人知的潛規則 / 都會生活研究專案著；許郁文譯・
——初版・——新北市：遠足文化，西元 2016.07
——(浮世絵；13) 譯自：仙台ルール
ISBN 978-986-93000-2-5 (平裝)

1. 生活問題 2. 生活方式 3. 日本仙台市

542.5931 105005276

作者 都會生活研究專案
譯者 許郁文
總編輯 郭昕詠
責任編輯 陳柔君
編輯 王凱林、徐昉驊、賴虹伶、黃淑真、李宜珊
通路行銷 何冠龍
封面設計 霧室
排版 健呈電腦排版股份有限公司

社長 郭重興
發行人兼
出版總監 曾大福
出版者 遠足文化事業股份有限公司
地址 231 新北市新店區民權路 108-2 號 9 樓
電話 (02)2218-1417
傳真 (02)2218-1142
電郵 service@bookrep.com.tw
郵撥帳號 19504465
客服專線 0800-221-029
部落格 http://777walkers.blogspot.com/
網址 http://www.bookrep.com.tw
法律顧問 華洋法律事務所 蘇文生律師
印製 成陽印刷股份有限公司
電話 (02)2265-1491

初版一刷 西元 2016 年 7 月
Printed in Taiwan